U0819014

CAREER
LADDER

云梯

从新人到达人的职场进化论

虞 莹／著

電子工業出版社
Publishing House of Electronics Industry
北京・BEIJING

内容简介

本书从分析当今人们的学习、工作、生活现状开始，逐步引导读者更好地进行自我管理和未来规划。作者将其十多年为世界500强企业培训的经验，以及出任高管、个人创业、阅读学习的经验系统梳理，提出自我提升四步法，即自我定位→自我管理→自我发展→自我优化，并结合心理学与管理学理论、测试及案例，帮助读者搭建职场和人生的云梯。

书中的精彩内容、重要观点皆以可视化图形、表格、插画等形式展现，直接扫描书中二维码，还可进行在线心理测试。本书为读者提供了更快速、更有效、更直观的阅读和学习体验。

未经许可，不得以任何方式复制或抄袭本书之部分或全部内容。
版权所有，侵权必究。

图书在版编目（CIP）数据

云梯：从新人到达人的职场进化论/虞莹著.—北京：电子工业出版社，2017.7

ISBN 978-7-121-31914-3

Ⅰ.①云… Ⅱ.①虞… Ⅲ.①企业管理－职工培训－通俗读物 Ⅳ.①F272.92-49

中国版本图书馆CIP数据核字（2017）第137109号

策划编辑：张　冉（47155730@qq.com）
责任编辑：张　冉
印　　刷：北京虎彩文化传播有限公司
装　　订：北京虎彩文化传播有限公司
出版发行：电子工业出版社
　　　　　北京市海淀区万寿路173信箱　　邮编：100036
开　　本：720×1000　1/16　印张：20　字数：311千字
版　　次：2017年7月第1版
印　　次：2021年1月第7次印刷
定　　价：69.00元

凡所购买电子工业出版社图书有缺损问题，请向购买书店调换。若书店售缺，请与本社发行部联系，联系及邮购电话：（010）88254888，88258888。

质量投诉请发邮件至 zlts@phei.com.cn，盗版侵权举报请发邮件至 dbqq@phei.com.cn。

本书咨询联系方式：（010）88254210，influence@phei.com.cn，微信：yingxianglibook。

//Career Ladder

CONTENTS 目录

PART

2

自我管理

PART

3

自我发展

第七章 个人能力发展

第八章 职场社交发展

第九章 打造职业云梯

PART 4

自我优化

引 言

Introduction

美国冰球运动明星韦恩·格雷茨基曾用一句话总结他的获胜秘诀：“我总是滑向冰球运动的方向，而不是等冰球到位再追。”股神沃伦·巴菲特为《纽约时报》撰文时，直接引用了这句话，奉劝人们在金融投资上应该有更长远的眼光。不难发现，格雷茨基和巴菲特都准确地抓住了获得未来成功的两个原则：形势预判和提前准备。

人们如何看待和准备工作，决定了他们能否以更大的概率赢得未来的职业成功。

每个人都有平均 35 年的活跃职业生涯，比一场冰球赛和大多数人的股票账户活跃时间长得多。在如此漫长的岁月中，要对未来工作做出正确的预判和精心准备，并不容易。因为我们身处一个快速变化的世界，大量新科技在潜移默化地改造世界；很多产品及行业都在快速迭代；企业组织结构变得更加扁平化、网络化和无边界；传统的人才就业市场正在发生革命性变化。

LinkedIn 创始人里德·霍夫曼在《至关重要的关系》一书中指出，在过去的 60 多年间，人才就业市场的运作方式就像一个自动扶梯。人们在大学毕业之后，就站在了扶梯的最底端。之后，随着工作经验的积累，人们会在职场扶梯上稳步上升，每升一级就为其带来更多的权利、更高的收入和更好的工作保障。

但现在的情况大为不同了。人们理想中稳定的、逐步高升的工作其实并不存在。在越来越拥挤、缓慢的“自动扶梯”上，人们很有可能被困住。一方面，随着就业市场萎缩、就业机会减少，加之社保退休机制的变革，使组织按等级序列升迁的竞争越来越激烈，年轻人被困在底层，资深的中层管理者遭遇发展瓶颈，已经成为非常普遍的问题。另一方面，科技快速跃迁导致众多新的工作选择，人们需要花费比以往更多的时间和精力去适应新环境、学习新技能，才能胜任更复杂的工作。更重要的是，传统的职场环境已经逐渐离我们远去。在过去，一份好职业曾是“安全、保障和稳定”的代名词。如今，无论一个企业看上去多么伟大多么卓越，其实都面临着潜藏的危机。那些显赫一时的伟大企业，如柯达、安然、通用汽车等公司，由于市场的变化、新技术的出现、众多的竞争对手，以及可能的战略错误甚至仅是战略偏差，都可能在相当短的时间内受到致命打击。外部激烈的市场竞争、新技术的加速发展，迫使企业不得不采取诸如战略转型、多元化业务策略、整体业务外包、虚拟团队、共享经济、降低成本等方法来应对难题。

未来充满无数可能。人们必须接受由于各种变化导致的转行、转岗、失业、发展危机、能力重建等一系列高难度挑战。

但正是这种可能性和不确定性恰恰带给人们更多自我发展的机会。每个人都必须学会在外部不确定环境下，为自己寻找并建立某种内在确定性，这也是人类应当掌握的最伟大的技能之一。当风霜雨雪不可预知时，人们学习建筑；当猎物口粮不确定时，人们学习种植粮食；而当金融危机、企业动荡不可控时，人们的首要任务就是培养个人的核心竞争力，抵御风险。

抛弃“自动扶梯”，你需要携带自己的“职场云梯”：灵活、机动、自由，不仅可以帮你向纵深发展，也能在平台之间横向切换，根据自己的目标，在通往无限光明、无边界的理想之路上拾级而上。

一个职场人拥有“职场云梯”，并知道梯子应该架设在什么位置，代表着其有明确的职业发展规划。在职场进阶过程中，不管升迁、跳槽或转行，每走一步都应当分析反省：是否走了弯路，是否在荒废自己的青春？每隔一两年，都要自我总结，发现问题并获得提升改善。当人们拥有强烈的自我发展意识，在工作中获得的经验，可能是其他人在同等条件下所获经验的数倍，他在职场上的发展速度就可能“一日千里”。

打造“职场云梯”意味着人们追求职场能力的不断提升。当人们能够从身边的环境中，积极探索学习机会和资源，并学会组合不同的能力来解决更复杂的问题时，梯级就会不断延伸，承载人们自由地到达更远更高的地方。能力拓展的益处不见得马上显现出来，但所有这些能力的提升都会帮助人们在整体上获得改善。从长期来看，一定会带来可观的收益。

本书分为四部分，系统地介绍职业发展不同阶段的典型问题，协助人们建立和完善自己的“职场云梯”。

Ⅰ 自我定位

第一部分：自我定位，利用职业定位三步法，帮助初入职场的年轻人界定能力优势，匹配发展兴趣，进行趋势分析，确定长期职业发展目标，为职业发展奠定基础，避免不必要的弯路。

Ⅱ 自我管理

第二部分：自我管理，针对年轻的职场人常见的缺乏自律、自我管理动力不足、拖延症、情绪波动、毅力不足，以及工作效率低等问题，提供了具体的解决思路与方法，为个人绩效提升扫清障碍。

Ⅲ 自我发展

第三部分：自我发展，帮助资深的职业人突破发展瓶颈，在面临重要职业发展机会，如晋升、跳槽、转行时做出正确明智的决策。同时，通过开拓管理视野、扩大管理幅度、突破管理层级的限制，更快实现个人职业目标。

Ⅳ

自我优化

第四部分：自我优化，协助成熟的职业人处理各类职业危机，重燃工作激情，制订 B 计划，帮助职业人更上一个台阶。

无论是主动还是被动，当变化来临时，你的工作经验、能力优势、核心价值和所做贡献，将赋予你自由的选择权。从本质上来说，是你在选择自己的职业生涯、公司、老板和团队。在不确定的世界中，拥有“职场云梯”，你就可以掌握自己的未来，创造理想职业人生。

感谢在漫长成书过程中，给予我无私帮助和热情支持的各位专家、好友们。感谢我的学员们，你们的真实成长是对我最好的鼓励。感谢我的家人们，你们是我最忠实的支持者。感谢一直给予我支持鼓励的责任编辑张冉，给予我很多帮助和非常宝贵的建议，没有你，就没有这本书。

在此特别感谢本书的插画作者、“画书会”（微信公号 readrawing）创始人同时也是我的好友木木。木木多年来致力于推广用视觉思维的方法激发想象力，促进更有效地阅读和结构化学习。她也是最早阅读完整本书的读者之一，给予了我很多启发性建议。感谢你木木，这些生动的绘画使本书增色不少。

本书虽为心血之作，难免也有不妥之处，还望读者见谅并指正，期待与大家的更多交流，联系方式请见本书封底。

虞 莹

// Personal Positioning

PART 1

自我×定位

很少人在职业发展之初，就非常幸运地拥有清晰的职业蓝图。而我们在职业上获得的所有成就，都取决于如何认识和发展自我、如何预判形势，以及为未来所做的准备。在职业发展初期，迷茫的年轻人常常会受到锚定效应和职业路径依赖的限制，从而走上一条曲折动荡的道路。因此，本书的第一部分将阐述正确的职业定位过程：在确定长期目标的基础上，结合对能力、兴趣、形势的分析，积极进行职业探索，逐渐形成清晰的职业定位，最终确定在某个领域长期贡献自身价值。

第一章 穿越迷雾

1. 如何获得理想的工作

拥有一份满足理想、力所能及、较好收入的工作是所有人的普遍愿望。

一份理想的工作不仅能有机会让人们发展技能、实现理想与抱负、体现个人价值，还有助于塑造一个积极的社交身份，提升人们对各种资源的掌控能力，从而放大个体能力，加速自我实现。

拥有一份理想工作的人有更强的主观幸福感。他们感觉到胜任工作的愉快，对做好当前工作相当自信，同时也不畏惧新的挑战和变化。

什么样的工作，才称得上是一份理想工作？不同的人会给出不同的答案。但所有的答案，都基于人们对工作的七大期望。

- 符合个人兴趣爱好，能发挥自己的能力或独特潜力
- 获得较高收入或得到晋升
- 能获得认可，得到广泛的尊重
- 工作内容有意义，能为社会创造价值或帮助他人
- 在一个高尚、领先和创新的企业内工作（或创造这样的企业）
- 能保持工作和家庭生活的平衡
- 自由、不受限制的工作时间和空间

要找到一份完全吻合以上期望的工作是非常困难的。意识到这点之后，我们就会理解：理想的工作其实是一种选择。你需要有所比较，才能知道自己特别在意和不在意什么。企业高管虽然非常喜欢工作带来的挑战，但也必须承受放弃个人时间和自由的代价；研究人员虽然热衷于享受钻研带来的乐趣，但也必须学会和其他部门或外部进行协调沟通。

0~2 年 初入职场的年轻人往往对自我关注较高，希望展露个性、发挥能力，会将“个人兴趣爱好、是否能发挥自身能力或独特潜力”放在比较重要的位置上。

2~3 年 工作 2~3 年之后，人们在工作中逐渐建立自信，迫切渴望得到进一步成长，对“收入和晋升”的要求不断提高。

5~8 年 工作 5~8 年的人，意识到情况发生了缓慢的变化：长时间的工作产生了一定的职业倦怠感，渴望得到新的发展机会，获得更大的挑战。在这个阶段，“被认可、工作具有意义和富有挑战”成为重要的工作动力之一。

10 年以上

而在工作 10 年以上的群体中，有相当比例的人将“保持工作和家庭生活的平衡”，“自由、不受限制的工作时间和空间”置于首要位置。因为随着职位不断上升，高管们的工作强度和压力不断加大，精力衰竭的迹象逐渐显现，他们迫切需要以更自由、可控的方式进行工作。

此外，不管在什么年龄阶段，都有一些人非常渴望进入一个高尚、领先和创新的企业工作，而另外一些人则对企业类型毫不在意。一个有趣的现象是，对企业类型毫不在意的人，往往有更强烈的创业欲望和动力。而大多数看重企业类型的人，通常将“成为中高层管理者”作为个人的职业终极目标。

要获得一份理想的工作，除了要把握好不同阶段职业发展规律，更要明白，所有的工作努力和选择，其实都暗合了每个人的长期职业发展模式。

明确自己的长期职业模式

典型的长期职业模式分为五类：

很多人往往都在年轻的时候，单纯从名望和收入方面考虑，设想自己的未来。他们认为，自己会最终成为一个企业家或专家。需要指出的是，能够胜任一份工作，并不一定与其长期职业模式吻合。我们会发现，一个忙碌的企业家真正渴望的，有可能是成为一名匠人或者自由职业者；而另一个管理者有可能觉得，只有当自己在从事研发工作的时候，才能找到真正的乐趣。随着人的逐渐成熟，人们会遵从内心最真实的渴望，选择最适合自己的角色，稳定地进入到长期职业发展模式中。

专家

他们致力于特定领域的专业技术，积极进行技术层面的深入研究，并做出贡献。大多数的科研工作者、咨询顾问、医生、律师、工程师及各类传统技术人员都可归于此类。

组合管理者

他们追求包含不同工作经验、技能以及成就的职业旅程。通过在不同阶段为不同公司工作而拓展能力，实现个人价值。大多数的基层和中层管理者都可归于此类。

传统高管

他们有非常清晰的职业愿景和使命感，为成为高级管理者而不断进取；他们不畏惧跨越自己熟悉的专业，不断地拓宽管理幅度；制定策略，整合资源，并愿意承担更大的责任。大多数企业高管、合伙人都可归于此类。

企业家

他们工作的所有目的都在于累积自己的经验技能，并最终创办自己的企业。他们相信商业逻辑、乐于学习和挑战新事物。大多数企业家、独立创业者都可归于此类。

自由职业者

他们不属于任何一个机构或公司，他们通过出售自己独特的工作技能，实现与外部的社会价值交换。在美国及一些共享经济发达的国家，自由职业者比例已经超过了30%。随着全球共享经济的发展，国内自由职业者的比例也在持续增加。大多数作家、设计师、培训师、心理咨询师、摄影师、自媒体工作者、合作司机都可归于此类。

确保个人持续成长

一个人的学习和成长，绝对不是自然发生的过程，而是基于人的主观需求，不断进行反省和持续改善的结果。在长达35年的职业生涯中，人们需要通过不断学习，掌握新的专业知识和复杂技能，将天赋转变为持续的竞争力。那些具备持续成长能力的人，会在每一天的工作中发现新的学习机会，不断进行自我指导和自我优化，持续提升解决问题的能力，最终为自己争取到理想的职业或创造自己的事业。

>> 案例 >>>. IBM首席执行官的个人成长之路

IBM公司前中国区首席执行官周伟焜正是这样一个具备强烈自我发展意识的人。1968年，周伟焜从香港大学电机电子工程系毕业，应聘进入IBM公司，成为一名普通的程序员。三年后，由于工作绩效突出，他升任开发管理经理。此后三年，他受公司委派，先后承担过计算中心、编程队伍、系统分析队伍以及团队的培训管理工作。某天，老板突然问他，是否愿意做销售工作？这意味着已经是经理的他，必须重新回到一个普通员工的职位上。经过激烈的思想斗争，周伟焜接受了这项全新的挑战，转做一名普通的销售人员。但没多长时间，他又凭着优秀的绩效，成功升任经理。老板惊喜地说：“不论在哪个岗位，做技术，还是做销售，你都能够快速学习，不仅可以很快胜任新的工作，还能不断突破自己的能力，具备成为一位高级经理的特殊潜质。”周伟焜在总结自己40多年来的职场历程时，也强调：“我在工作中只追求两件事——工作有无挑战和公司是否给予足够的回报。我在IBM，差不多每隔两年就会被推出去，面对一些新的挑战。因此，我从来不会对自己的工作感到厌倦。”

在职场中，有些人也像周伟焜一样，具备强烈的自我发展的意识。他们首先意识到，工作中的挑战就意味着学习机会，唯有不断拓展新的能力，不断贡献新的价值，才能突破职业瓶颈，为自己争取新的职业发展平台。

结论

获得理想职业的两大核心是：明确自己的长期职业模式、确保个人持续成长。

这意味着一份理想职业并非随机偶得，而是人们确定长期发展方向之后，主动地、梯级式靠近目标的结果。

2 锚定效应和职业路径依赖

不论一个人的职业道路看上去多么随意散乱，在其职业发展中，都有一股看不见的神秘力量影响着他的选择。这股神秘的力量就是“职业锚”。

在你面前有一个幸运轮。幸运轮上有一些数字。当你转动这个幸运轮以后，指针停在数字 65 上。下面你要回答这样两个问题：

Q： 你认为非洲国家数量在整个联合国所占的实际百分比是大于 65% 还是小于 65%？你不用仔细考虑这个问题，你的答案肯定是小于 65%。

Q： 第二个问题是：你认为非洲国家的数量在整个联合国所占的实际百分比是多少？经过一番思考，你给出的答案是 45%。研究人员记录下你的答案，并感谢你的参与，之后他就离开了。

现在假定你是另一个人，你之前并没有回答过有关联合国的问题。你转动幸运轮之后，得到的数字是 10。于是你所看到的问题是：

Q：你认为非洲国家数量在整个联合国所占的实际百分比是大于 10% 还是小于 10%？你认为非洲国家的数量在整个联合国所占的实际百分比是多少？经过一番思考后，你给出的答案是 25%。

以上这些描述正是特韦尔斯基和卡尼曼在 1974 年进行的一项心理学实验程序和结果。被随机分到数字 65 的实验组被试人员，给出的平均估计比例是 45%，而被随机分到数字 10 的实验组被试人员，给出的平均估计比例是 25%。特韦尔斯基和卡尼曼的结论是：个体的判断首先会确定一个初始值，或者说是一个“锚”，然后，依据选择的“锚”进行并不充分地上下调整。他们将这种现象称作“锚定和调整效应”。

人们很难抵御锚定效应的影响，即使是经验丰富的专家，也有可能受到设计或者伪装过的数据和信息的影响——尽管他们并不相信这个数据。下面的心理学实验很好地证明了这点。

1999 年，心理学家斯特拉克（Strack）和穆斯魏勒（Mussweiler）做过另一项实验，这项实验同样是由两个问题组成。其中一半的被试者要回答的第一个问题是：*甘地是在 9 岁之前还是之后死去的？*第二个问题是：*甘地活了几岁？*另一半的被试要回答的第一个问题是：*甘地是在 140 岁之前还是之后死去的？*第二个问题是与前一组一样：*甘地活了几岁？*

任何对圣雄甘地有一星半点了解的人都知道，他肯定不止活了 9 岁；而世界上最长寿的人也只活了 122 岁。看上去，这些问题太荒谬了，根本起不到影响作用。但是，

>> 理论 >>>>>.. >>>>> .锚定效应 >>>>>>

人们在评估某一事物时，常常会受外界影响，锚定一个参考起点，并在起点的基础上，做随意但不充分的移动。这揭示了人类思维过程的一些基本模式：人们对某事的最初判断和决定，会极大地影响最终结果，再理性的人都难逃锚定效应的影响。

结果显示，在做出判断之前得到的陈述信息（锚定点）会大大影响人们最后评估结果：第一组给出的答案平均是 50 岁，而第二组的平均答案是 67 岁（事实上，圣雄甘地是在 87 岁时被刺杀的）。

在对人生至关重要的职业选择上，“锚定效应”也会对人们的职业发展产生深刻的影响。人们在选择职业的早期，都会经历不同程度的迷茫和摇摆，甚至可能反复推翻自己过去的决定，选择一条新的道路重新开始。但是，不论一个人的职业道路看上去多么随意散乱，在其职业发展中，都有一股看不见的神秘力量影响着他的选择。这股神秘的力量就是“职业锚”。

美国著名的职业指导专家、麻省理工学院斯隆商学院的埃德加・H. 施恩（Edgar H. Schein）教授，曾领导了一个研究小组，对斯隆管理学院的 44 名 MBA 毕业生，进行了长达 12 年的职业生涯跟踪研究，通过大量面谈、跟踪调查、公司调查、人才测评、问卷调查等方式，最终分析总结出职业锚（职业定位）理论。主要有以下两个观点：

01. 对职业生涯发展起决定性作用的，就是每个人特定的职业锚（Career Anchor），也就是人们选择和发展自己的职业时所围绕的核心，包含个人性格、兴趣和工作价值观。兴趣、性格和价值观需要在实际的工作环境中去检验和加深理解。当员工进入早期工作情境后，通过努力，习得实际工作经验；接着在经验中自省个人才干、兴趣动机、工作价值观，寻找更匹配的平台，最终确定能实现自我满足和理想的职业定位。

02. 职业锚是个人与工作环境长期互动的结果，是动态变化、不断调整的。职业定位在一段时间内会保持稳定，但随着外界环境、个人、工作和生活等因素的变化，职业定位可能需要调整，以修正职业规划。

早期的工作情境就是一个力量巨大的“锚”。一个人职业生涯路径发展方向，很大程度会取决于他在职业生涯中的早期工作甚至是首份工作。因此，在做出一项符合实际、有远见的决策前，设立多个锚定值，以平衡机会和风险，是非常有必要的。

手机扫描二维码①

施恩
职业锚测试

只要我们抛出第一个职业锚，对自己说：“好吧，试试这个工作吧。”就意味着在未来的一段时间内，我们会跟着这个锚走上一段路。具体来说，个人在早期工作的 1 ～ 3 年，受工作环境所提供的机会的影响，发展出不同的能力，这些工作能力随之被总结为工作经验，形成特有的专业性。接着，人们会延续逐渐形成的专业累积，根据个人的工作偏好，发现最合适自己的领域及职业，最终确定自己在某个领

① 为保证测试结果，建议您下载到计算机上进行测试。

>> 理论 >>>>>.. >>>>>> .职业路径依赖 >>>>>>>

路径依赖原本是一个自然科学术语，即一旦受某种偶然事件影响，整个系统就会沿着一条固定的路径演化下去。即使有更好的替代方案也不能更改既定的路径，形成一种“不可逆的自我强化（self-enforcement）”。一旦进入某一路径，就可能对这条路径产生依赖。好的路径会对人们起到正反馈作用，因而进入良性循环。而不好的路径会对人们起到负反馈作用，人们可能会被锁定在某种无效率的状态下，导致停滞甚至倒退。

域或岗位上，长期贡献自我价值。

人们在职业选择中，也存在寻找职业适应和自我强化的现象，即职业路径依赖。人们在过去工作中衍生出来的习惯和信念，会影响当前及未来的选择。而这些选择一旦进入锁定阶段，要想摆脱会变得十分困难。

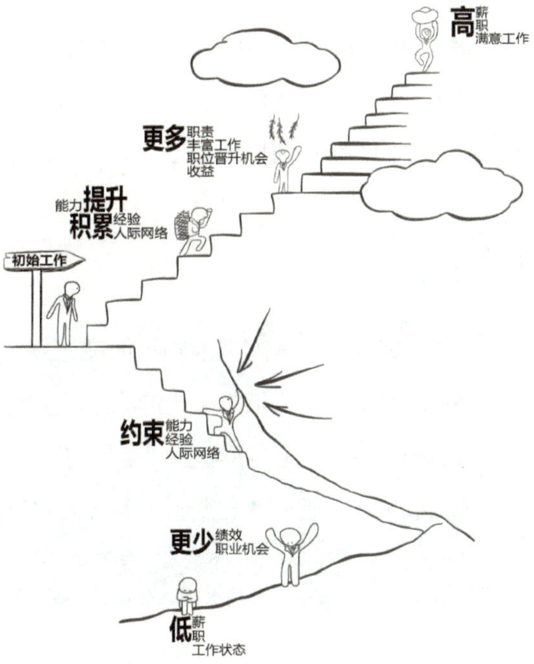

最常见的职业路径依赖有三种，分别是对企业、行业和工作内容的依赖。从整体上来看，对工作性质的依赖大于对行业的依赖，对行业的依赖又大于对企业的依赖。在进行职业转换的时候，人们对未来工作的选择的顺序依次是：

与我过去工作内容和性质的相关程度→与我过去行业的相关程度→与我过去公司的相关程度。

基于这些原因，人们选择早期工作时，应谨慎地抛出第一个锚。对第一份工作的选择应该是非常慎重的，切忌盲目、随意地开始工作，不要仅为了一份薪水而工作，要记得是为了未来而工作。选择工作的重点应该放在“行业和工作内容”上，而不是放在“公司和品牌”上，更不是放在“薪水高低”上。一旦发现设定错误，应该快速撤销错误的锚，避免长期处于错误的环境中，而被牢牢锁定。时间越久，锚的影响力越大、越难摆脱。

职业锚和路径职业依赖的背后，是人们对工作经验资源的最大化利用，也是为了避免资源损耗的一种自然选择。在职业发展过程中，由于外部环境、行业趋势和个人能力的不断变化，为了追求更理想的职业，很多人会跳槽甚至转行，尽管如此，他们的职业锚却很稳定，自始至终都在追求价值取向一致的职业。

结论

“锚定效应”和“职业路径依赖”会对人们的职业发展产生深刻影响。进入职场早期，人们被强化的能力衍生出来的习惯和信念，会影响他们今后的选择，形成“不可逆的自我强化”，这就是传统说法上的“男（女）怕入错行”。因此，在做出一项符合实际、有远见的决策前，设立多个锚定值，以平衡机会和风险，是很有必要的。

3 理性的职业分析与决策

理性的职业分析与决策意味着三件事：

确定目标；

列出标准；

做出符合标准的选择。

职场上不乏这样的人：智商极高，学习能力很强，但对工作没有兴趣，缺乏成就感，觉得“自己做的事情没价值”“工作没什么意思”；还有一些人，头脑灵活，善于跳槽，连续换了几次工作之后，累积了不同行业、不同职能的丰富经验，却感觉失去了方向：不知道自己喜欢做什么，只知道不喜欢做什么；五年换了七份工作，仍然不知道最适合的工作在哪里，怎样才能得到一份理想中的工作……

很多人急于上船。他们在若干年前，随机跳上一条最近的驶过身边的船，然后努力随着风浪摇摆，甚至一辈子都停留在一艘错误的船上。他们任凭人生中最重要的组成部分——职业生涯被偶然因素所左右，白白浪费了自己的宝贵年华。

很多人热衷奔跑。他们工作勤奋努力，但只是满足于把眼前的事情做好，数十年如一日在平原上狂奔，但却没有想过要攀登山峰。他们很少认真地分析和了解自己。如果你向他们提问：“假如你没有进入这个行业，你觉得是否会比现在有更好的发展，有更大的成就？”他们多半会不知所措。

许多人忙于冲浪。他们因为忙碌和压力，而放弃对职业的长期思考。他们身处商业竞争的浪潮中，站在浪潮之巅，用全部精力和体力努力让自己保持平衡。他们每天工作 15 个小时，却很少花时间去想一想：“现在我所做的事，和未来的我有什么关联？和我的兴趣、热情和才华有什么关联？和我想要拥有的事业和人生又有什么关联？”如果他们愿意多想一下，情况可能会完全不同。

在工作中遭遇挫折的人们，通常将希望寄托在下一份新工作上。他们相信，只要找到一份合适的工作，这些问题就能迎刃而解。但这只是错觉。造成以上问题的真正原因，是大多数人根本不了解“个人职业定位”，没有为自己做出恰当的职业决策和选择。

在过去的教育经历中，人们从没有学习过“如何让自己获得理想的工作和生活”这门重要的课程。在人生的不同阶段，你可能会面临不同的挑战：择业、跳槽、进修、晋升、转岗、换行、被辞退、在家办公、自雇、与人合伙或自主创业，甚至去云游四海，过一种完全放空的生活。大多数情况下，你都需要独立做出决策。

职业生涯中的连锁反应如同向湖中投入一粒石子，一个涟漪激起另一个涟漪，一项决策推动着另一项决策。你做了什么样的职业选择，就拥有什么样的职业生涯和人生。

今天的状况是几年前选择的结果，而今天的选择又决定几年后的职业状况。所谓的现状并不是真实的现状，而是过去的决策所残留的后果。

无怪乎苹果公司创始人史蒂夫·乔布斯曾无限感慨地说出这样一句话："所以你得相信，你现在所体会的东西，与将来多少会连接在一起。"也就是说，你现在所参与的所有事情，都会不同程度地在你未来的生命旅途中以另一种面目出现。虽然我们无法预知未来，但每个人当下的行为和选择，正在影响和塑造着未来的自己。

短视和"有利归因"会让我们不断犯错

想象一下，你正开着车行驶在高速公路上。大雨倾盆，而雨刮器又突然发生故障，无法工作。挡风玻璃上雨水迷茫，这时候你会做什么？

你可能立即降速，与前车保持距离，缓慢行驶，在最近的安全地点靠边停车，等待救援。当你看不清前面的道路，你就无法快速前进。当车辆的刹车距离大于注视点距离时，车祸风险会成倍增加。所以，你的注视点距离就决定了车辆的行进速度。研究表明：

80 公里 / 小时　当车速是 80 公里 / 小时，人的注视点距离约为 420 米；

70 公里 / 小时　而时速为 70 公里 / 小时，人的注视点距离就缩短为约 360 米；

40 公里 / 小时　当车速降低到 40 公里 / 小时，注视点距离就缩短到 180 米左右。

10 公里 / 小时　假如只能以 10 公里 / 小时的速度龟速前行，那么你的注视点距离仅能保持 30 米左右。

当人们无法看得更远，就不可能做出更长远的决策。这就是短视。

职业生涯规划也是如此。短视的人通常没有正常的自信，他们畏首畏尾，害怕失败和改变现状，宁愿蜷缩在一个小地方，以保持安全感。短视的人不明确自己的长期目标，很多行为都是短期行为，稍有不如意就改变方向，经常会行事冲动，如盲目考研、进修，随意跳槽、转行等。

思考这样一个场景：

在你面前，有4本心理学书籍，请你任意挑选可能会阅读的一本书，并说出理由。你的理由是什么？绝大多数人可能会根据书名或封面去挑选一本书，还有些人会随意地翻看内容是否是自己感兴趣的。

这正说明：大多数人凭借个人直觉进行选择。但很多时候，直觉并不客观。人们总是倾向于高估自己的能力和成功概率。每个人在照镜子时所看到的自己，要比实际长相好看30%。70%以上的司机都认为，自己的驾驶水平要高于平均水平。我们总是相信：自己比同龄人更优秀、更有道德、更勤奋，理应获得更好的报偿。

当我们评价自己的成功，总是将其归功于个人天赋和努力；如果事情不顺利，我们会将其归结为外部环境的恶化；当我们评价他人的成功因素，总是将其归功于他人的运气和环境；假如他人失利，我们会认为是他的能力不足引起的。心理学上将这种状况称作“有利归因”。“有利归因”会让人们陷入“自我感觉良好”的泥沼，做出错误的判断。

大多数人在追求目标的路上，关注更多的是自我和内在力量，如设定长期目标，提升个人能力，要求自律和持续进步。但是，很多人都忽略了同样重要的环境和外部力量，比如要进入的行业、选择的平台、拥有的资源，甚至是否处在最好的时代。正确明智的职业决策，除了要厘清内心需求和感受之外，还要充分观察外部世界的客观情况，并进行必要的统计分析，这样才能做出胜算更大的决策。

正确的决策来自全面客观、整体性的观察和判断。

>> 案例 >>>. “过于乐观”的自我评估 >>>>

在社会心理学领域重量级作品《不确定世界的理性选择——判断与决策心理学》中，一位课程设计项目经理 Kahmenan 讲了一个他设计某个课程的故事，生动地阐明了外部观察的重要性。

“我们的课程设计团队运作了一年，并取得了一些重要的成果。在某次团队会议上，我们的讨论转到了这个项目还会持续多久问题上。为了使讨论更加有效率，我请每个人在纸上写出他们估计还需要多少个月，才能向教育部提交一份完稿。结果，大家（包括我在内）估计的平均时间是 18~30 个月。

此时，我突然产生了一个想法，询问团队中的一个成员（他是课程设计的著名专家）：我们肯定不是唯一一个设计新课程体系的团队，你能不能回忆一下以往类似的例子，想象其他团队也处于与我们现在类似的阶段，你觉得他们还需要多久才能完成项目？长时间的沉默后，他用带着明显不安的声音说道：‘首先，我说并非所有处于我们类似阶段的团队都完成了项目，大概 40% 的团队最终放弃了。至于剩下的，我想不起来有任何一个团队是在 7 年之内完成项目的，当然也没有长于 10 年的……我想不出我们优于其他团队的地方。’不得不承认，根据我的印象，我们的资源和潜力似乎还有点低于那些团队的平均实力。”

为什么当评估自己做的项目时，我们会乐观地做出只需要18~30个月的项目周期的预判呢？而现实数据表明，类似的情况至少需要平均7~10年以上的项目周期。两者相差甚远。

大多数情况下，如果还没有成熟到非常客观的程度，我们做出的判断都只是出于自己的感受，而非实际情况。当我们根据直觉进行判断时，思维会被拖入一个优先的、有系统偏差的可能事件子集中。1993年，Daniel Kahmenan和Dan Lovallo指出，决策者会倾向于强调每个问题的独特性，并被这个独特的例子所干扰。简单说，就是当你只看到少数事件，你就会把少数事件当作必然事件，从而影响自己的决策。

科幻小说家刘慈欣在《三体》中提到的农场主假说，实际上是来源于英国著名思想家罗素的火鸡问题（Russell’s Turkey）。一只饲养场里的火鸡发现每天上午9点主人都会给它喂食。火鸡并不马上做出结论，而是不断收集有关上午9点出现食物这件事的情况。通过几个月的观察，它发现，不管是雨天或晴天、热天或冷天、星期三或星期四每天早上9点出现食物的这一点毋庸置疑。最后，它得出了结论：每天上午9点，食物会在固定地点出现。可是，事情并不像它所想象的那样简单和乐观：感恩节的前一天上午9点，食物并没有如往常一样出现。笼子上方出现了一只手，扼住它的脖子，把它从笼子里提了出来，一刀将它宰杀。这个故事的原意是讽刺那些归纳主义者。但很多时候，我们可以从中观和宏观角度去思考。对火鸡来说，它关注到的所有内容，就是在这个火鸡饲养场笼子中发生的一切，而对外界一无所知。火鸡不了解人，没见过人类的厨房和冰箱，也不了解其他的饲养场发生的一切，也不知道特定的时间对火鸡意味着什么。它了解的只是在火鸡的“个体”层面上的主观观察。

如果我们能够承认，许多时候，我们如同火鸡一样，考虑问题很难客观，而且总是从好的方面去想，我们就应该明智地去补救，方法是：扩大自己的关注面，让自己了解更多，从全局的角度去看，把这个问题看作若干问题中的一个，充分考虑概率，最后做出适宜的分析和判断。

定位大师杰克·特劳特在《人生定位》一书中强调了外部力量对于个体成功的重要性。他说："成功不仅是你能自发产生的结果。努力地工作、更坚定地相信自己、更积极地思考，并不见得一定令你成功。如果人生是一场赛马，而你的个人营销策略是完全依靠自己的才干和努力，对外部环境视而不见，那么你的坐骑就是自己——你骑着自己。你必须通过更努力地工作（所谓鞭打自己）来争取跑到前面一些。当外部竞争很激烈，你落后了，你就会更用力地鞭打自己，让自己跑得更快。如果只是关注自己的步伐，就只能依靠自己去赢得去比赛，假如你能够开阔眼界，把他人和外界也纳入到你的视野之中，那么你的胜算将会大大提高。"

你正在骑着一匹什么马？你是否正在鞭打自己，想要让自己跑得更快一些？如果答案是"Yes"，那么，你就需要扩大视野，找到更强壮的"马"——外部资源。

延伸阅读

《不确定世界的理性选择——判断与决策心理学》由德·海斯蒂（Reid Hastie）和罗宾·道斯（Robyn M. Dawes）所著，是社会心理学领域里的重量级作品。两位作者凭借在哈佛大学、西北大学、芝加哥大学、卡内基梅隆大学等多所名校的 30 年教学经验，采用大量案例，贡献出他们在行为经济学和认知心理学方面的研究成果。

确定长期职业目标

调查显示，长期目标对一个人的职业发展及成就非常重要。哈佛大学有一项非常著名的关于目标对人生影响的跟踪调查。该项调查的对象是一群智力、学历、环境等条件都差不多的年轻人。通过 25 年的跟踪调查发现，在这些人中，仅有 3% 的人有十分清晰的长期目标并且坚持 25 年不曾改变；有 10% 的人有比较清晰的短期目标；还有 60% 的人目标模糊；另有 27% 的人完全没有目标。调查发现，这些人的工作状况和生活水平差异非常大。能够坚持长期目标的人大多获得了令人满意的卓越成就，幸福感也较高；有比较清晰短期目标的人也有着相当不错的工作及收入；而目标感模糊的人，只是过着普通的生活；剩下 27% 的人，对自己的工作抱怨最多，而他们的生活品质也是最不理想的。

长期职业目标的确定，主要考虑四个要素：

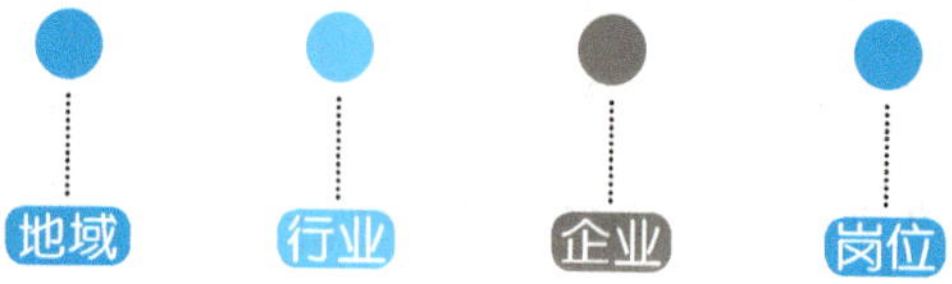

例如，一个非常清晰的职业目标可以这样描述：

________ 年后，我希望在 ________（国外 / 国内一线城市 / 国内二线城市 / 其他）________ 行业（金融 / 医药化工 / 新能源环保 / 机械制造 / 艺术创意 / 互联网 IT 信息 / 综合服务 / 房地产建筑 / 制造业 / 教育咨询 / 其他）________ 企业（国际 500 强 / 国企 / 政府机关 / 民企，大型 / 中型 / 小型 / 其他）从事 ________（高 / 中 / 基层）________ 职业（管理 / 人力资源 / 财务规划 / 市场营销 / 产品研发设计 / 项目统筹 / 行政客服 / 法律公关 / 其他）工作。

01. 第一需要考虑的，是职业发展地域。地域意味着资源圈。大型集团打算进军某个新市场时，都会详细调查与之相适应的城市或区域，以提高成功概率。因为，地域圈的规模、经济发展水平、产业结构、人口数量、人才储备等，都会影响企业发展的机会和结果。对个人而言，相对成熟发达的城市意味着更多优质的就业和发展机会，比如拥有更好的职业发展平台、更完善的培训和学习、更宽广的国际视野、更优秀的协作团队和导师、更广阔的上升空间等。有理想、有实力的年轻人可以借助优秀的企业资源，获得更好的职业发展。不仅是职场新人，即使处于职业发展中期的人，也可以考虑通过地域的转换，让自己的职业生涯跃上新的台阶。

02. 第二需要考虑的，是进入的行业。行业代表职业发展空间。人们刚工作时，很难发现什么行业是最适合自己的，可能会在短期内多次跳槽转行。但一段时间之后，就应该聚焦行业，培养自己的领域专业性，以便获得更多快速发展机会。经济学家赫伯特·西蒙曾研究过职业成长的课题，其结论是，一个人花大约 3~5 年的时间才能真正融入一个行业，花 10 年左右的时间，才能达到精通的地步。真正的行业专家，不仅要充分了解行业惯例、市场情况、竞争环境，还能对行业的趋势、行业价值链条有着深刻洞察和透彻解析，以更好地把握核心的行业资源和人脉关系，而这些无一不需要长时间的投入和积累。不管一个人曾经在多少个行业里从事工作，至少要保持 60% 以上的行业集中度。举例而言，一位 30 岁的年轻员工，工作了 7 年，60% 的行业集中度意味着至少需要拥有 4 年以上某个行业的集中从业经历。

03. 第三需要考虑的，是进入的企业。企业是使个人职业能力得以拓展、才华得以展现的舞台。一个优秀的平台能让人发展能力、获得成长和锻炼、增强信心。反之，一个缺乏活力、平庸的平台则会让人自大或自卑、逐年落后，最终丧失职业竞争力。那么，应该如何判断一家企业或平台是否优秀？以下几点可以甄别：

- **企业文化**

企业文化是否开放积极、尊重人才、鼓励创新？

- **公司业务**

公司战略是否清晰？整体业务增长是否领先于行业平均增长水平，是否愿意进行大量研发投入，以增加市场竞争力？

- **内部管理**

高层领导管理是否稳定？直线领导是否具备良好专业能力和工作责任心，基层员工是否具备较好的成长意识和协作配合能力，内部沟通是否良好？

- **人才发展**

公司内部培训的体系和规划是否完善？是否愿意投入对人才的培养？

发展迅速的企业对于人才的态度更加积极，会毫不吝啬地提供大量发展机会，如建立新部门、增加新项目或开拓新市场等。只要你具备足够的能力，就有可能在较短时期内，获得在其他公司三五年都未必能争取到的机会。

04. 第四需要考虑的，是从事的岗位，即具体职业方向，如市场、营销、研发、IT、财务、行政、管理岗位等。每个人都应当在能力匹配和胜任的基础上，尽量进入“企业主战场”进行职业发展。倘若战争的主战场是决定战争成败的关键区域，那么企业的主战场就是决定企业成败的关键业务单元或核心部门。销售业务部、技术研发部、大客户事业部都属于公司传统意义上的“主战场”。随着企业规模扩大，财务部、人力资源部、IT 信息部等部门也可列入主战场的范畴。

Q: 为什么在“企业主战场”工作如此重要？原因是“主战场”的部门汇集了公司最优质的资源，也拥有公司最多的升迁机会。公司的高层大多出身于主战场部门，以销售或财务居多。非主战场的部门经理，即使工作多年，也很少有机会被提拔为更高一级的管理者。有些人虽然选择了一个非常有前途的行业，也加入了一个很优秀的公司，但由于进入不了主战场，长期在一些辅助性部门工作，即使付出了很多努力，也很难取得职业上的长足发展。而当经济不景气或者公司裁员时，最先被涉及的部门往往是非核心的边缘部门。因此，在公司主战场工作的另一个好处就是，当危机来临时能具备更强的抗风险能力。

同样的岗位在不同规模的公司中的成长性差别非常大。例如会计专业的毕业生，选择进入大公司还是进入小公司，会影响其成长和发展速度。大公司的财务部门在公司的地位举足轻重，业务复杂程度高，从基本记账到规划未来预算，从管理到内控，从简单报税到合理避税，甚至某分、子公司的开停并转方面的决定，都属于财务部的工作范畴。而这些工作内容，都是小公司的会计人员在工作中很难接触到的。因此，对于学习能力强的年轻人来说，工作任务的丰富程度和变化性就意味着学习机会和晋升空间。

列出职业决策的标准

正确的决策是如此重要：对一天 24 小时分配的选择，决定了你这一天的幸福感；对人生职业的选择，推动着你未来的人生和成就。

任何决策永远是基于自身的条件及情况来确立标准，并从所有可选资源中确定第一匹配方案。我们永远无法等到最佳匹配方案，对大多数人来说，把握第一匹配方案就是最可靠的做法。例如，假设某人想要择偶，他的选择结果取决于两大要素：社交圈丰富程度和个人资产竞争性。社交圈的人际资源丰富性，决定了找到合适人选的可能性，而包括金钱、社会关系、教育与知识经验水平、个人能力、心理生理状态等要素在内的个人资产（非物质条件）的竞争性决定了在这场择偶竞争中获胜的概率。

在重要性上，一个人的职业决策仅次于婚姻决策。然而在现实生活中，很多人面临职业决策时，却草率到令人惊讶的地步：一些年轻人花在影响自己未来命运的工作选择上的精力，甚至比购买一个新的电子产品或一件大衣上的心思更少。绝大多数人并不懂得为自己做出严谨的职业决策。虽然他们也会比较和权衡工作之间的差异，如考虑公司品牌、工作地点和环境、薪资和福利待遇、工作强度、企业文化、岗位发展机会等，但仅考虑这些是远远不够的。

理性的职业决策有三个不同层次的标准。

01. 根据个人所理解的利益来决定，包括薪资水平、福利待遇、职位权力、资源平台等。在这个层次，人们希望从工作中收获直接或间接的利益。

02. 根据个人的理想或职业目标来决定，包括企业品牌、长期职业发展方向、行业发展空间、职位上升空间。在这个层次，人们希望通过工作获得成就感。

03. 根据个人的核心价值观，即愿意从事什么类型的工作，希望从工作中获得什么样的价值。在这个层次，人们希望通过工作能吻合自己的价值观，完成自我实现。

年轻人在选择工作时，随着年龄的增长，会逐步从关注第一层次，过渡到兼顾第二层次，并尝试思考第三层次。因为只有与个人核心价值观吻合的工作和职业，才会让人获得持久的满足。如果一份工作无法满足内心真正期待的价值，人们就会感觉失落，缺乏激情，即使工作出色、业绩优良，也无法获得满足，很快会陷入职业倦怠中，甚至感觉能量被不断消耗。反之，如果一份工作符合自己的价值观，即使工作忙碌，收入或许并不丰裕，人们仍然会感觉很快乐满足，并能不断做出新的贡献，体验到源源不断的成就感和满足感。

在职业发展过程中，人们大多要经历一个为谋求生存而就业——为终生发展而职业——为人生价值而事业的过程。这是一个循序渐进、逐渐显现的过程。很少人在职业发展之初，就非常幸运地拥有清晰的事业蓝图。大多数人都是在为谋求生存而就业的过程中，通过自己的努力逐渐寻找到自己的事业方向。随着能力的提升和追求的提高，人们终于找到了一个符合我们理想、愿意为之终生发展而从事的工作。当人们能够从一项工作中获得最大的满足和愉悦时，就已经在从事一项真正的事业了。

>> 测试 >>>>>.. >>>>> .你看重的职业价值 >>>>>>

一个人在职业上的价值观念，与其能取得的成就息息相关。每个人都希望在工作中获得某些重要的价值，不同的职业价值取向导致人们做出不同的职业选择，甚至影响了人们的生活方式，最终又决定了人生幸福感。

请浏览每一项职业价值，并考虑它对你的重要性。根据你对每一项内容的感受，在“非常看重”、“不太在意”、“不需要”中选择一项打钩。

职业价值	含义	非常看重	不太在意	不需要
收入	可以获得丰厚的报酬			
晋升	可以得到更高的职位，拥有更大的权利			
名声	拥有崇高的名望，受到他人的敬仰			
独立决策	有机会制定策略并决定行动进程			
管理	管理和培养下属，制订目标和计划，并协助完成			
成就感	对于工作的成果感到满意和骄傲，对发挥自己的能力感觉兴奋			
道德满足	能够感受到自己的工作符合一系列重要的道德标准			
安全感	有十足的把握能长久保持工作的稳定，不用担心失去工作			
稳定性	可以预见工作职责在较长一段时间内不会变动			
高品质	从事的工作符合高标准、高品质			
多变性	工作任务、内容或工作环境经常会有变化			
竞争性	工作任务有明确的目标和对手，进而会有明显的成果			
教授与指导	可以教授和指导他人			
团队合作	与团队成员关系紧密，为共同目标一起努力			
空闲时间	有充裕的时间陪伴家人，休闲或参与其他活动			
保持忙碌	工作节奏快，能够使我感到非常充实			
帮助他人	以个人或团队的形式直接帮助他人			
影响他人	为更加美好的世界做贡献			
赏识	因工作优秀而受到认可			
学识	获得知识，提高能力和专业水平			
创新	形成有创意的构思，并计划实施			
冒险	能够有机会体验新鲜事物，承担风险			
接触外界	每天与外界有大量接触或从事户外工作			
自由	时间或空间的自由，可以自主掌握工作方式			
美感	工作能使我觉得享受，并充满美感			
激情	充沛的投入感，充满激情地工作			
对体力的考验	工作对身体素质要求很高，并且能从中受益			

请补充你认为重要的价值：________________

自我评估方法：

01. 不同的人对安全感、自由度、控制、竞争、权利、道德、名声等职业价值有非常主观的认识和需要。因此，没有什么是绝对正确的答案，从事一份符合自己理想和价值观的工作，才是好的选择。

02. 请将“非常看重”的职业价值进行排序，并列出排名前六的职业价值。此六项价值代表你的潜在工作动力源，也是影响你工作激情和表现的重要因素。在筛选一份新的工作机会时，你需要着重检视这些职业价值是否能在新工作中得以体现。

03. 留意那些你认为“不太在意”的职业价值。大多数人会认为价值总是多多益善，而事实是：无关紧要的价值会占用大量的工作时间和精力，使你失去做更重要事情的机会。

04. 尽量避免那些你“不需要”的职业价值。具有这些属性的工作会耗费你的精力，并让你逐渐感觉失去自信。

结论

你做了什么样的职业决策，就拥有什么样的职业人生。避免短视，不要仅看重短期利益和一时收获，而要有更长远的职业目标和规划；不仅要学会多照镜子（自我觉察），更要向窗外不断探望（观察外部）。正确的决策来自全面、整体性的观察和判断，认真地评估地域、行业、企业、岗位四大要素，明确自己的职业价值观和筛选标准，才能获得与理想一致的工作。

第二章 以终为始的目标管理

1. 六种不同的时间价值观

绝大多数人都高估了自己十年后所做的，而低估了现在的自己能做什么。

据说，每个哈佛毕业生都要认真回答这个问题：What will you want to do with your one wild and precious life？（在这狂野而宝贵的一生中，你想如何度过？）不管你的回答是什么，理想也好，目标也罢，所有人对事业人生的憧憬和努力都为了最初的自我实现。

人的很多行为模式都和价值观有关，而价值观的很大一部分由时间观念构成。从本质来说，对时间的理解和使用，是人们实现自我的一项必不可少的组成部分。绝大多数人都不太清楚自己拥有什么样的时间观，但是他们却在被某种偏激的时间观推动着向前走。

《津巴多时间心理学》的作者菲利普·津巴多根据不同的维度，确定了六种时间观念，分别是：

- 消极的过去时间观
- 积极的过去时间观
- 宿命主义的现在时间观
- 享乐主义的现在时间观
- 未来时间观
- 超未来时间观

延伸阅读

你留恋过去吗？还是享受当下的每一刻？或者对未来充满憧憬？当你思考现在、过去和未来的时候，你的想法是积极还是消极的，快乐还是悲伤的，是充满恐惧还是充满希望的？ 哪种感受对你来说更重要？

斯坦福大学心理学教授、心理学家菲利普·津巴多（也是著名的模拟监狱试验的设计者）著有《津巴多时间心理学》，书中介绍了以下六种拥有不同时间观的人。

● 消极的过去时间观

他们没有太多亲近的朋友，为数不多的朋友形容他不快乐、沮丧、焦虑、害羞、容易冲动、自控能力差。尽管精力并不特别旺盛，但也常常会忙个不停。

● 积极的过去时间观

他们对于过去很满意，很多朋友形容他温暖、友好、快乐、自信、很少焦虑、不抑郁、不咄咄逼人。在金钱方面相当节省，用固定品牌的日用品，在交友方面也相当稳定。

● 宿命主义的现在时间观

他们一般会比较焦虑、抑郁、较为冷漠，对自己能做什么没有自信。他认为该发生的总会发生，不相信自己能改变什么，行事消极而被动。

● 享乐主义的现在时间观

他们通常交友广泛、精力充沛而富有创造力，大胆、充满活力和自发性。他们热衷从事不同工作和运动，乐于交友甚至恋爱，喜欢热闹和展现自我，同时他们却不太注重健康，与高危生活密切相关。如果一件事情会让他感觉好，即使有风险也会去做。

● 未来时间观

他们通常很少感到压抑，因为他们不会浪费时间来反复思考过去，在执行计划时会倾向于更多的准备，约会也会提前到达。他们往往更容易在职业中获得成功，更容易注意饮食并进行有规律的锻炼、定期参加体检，但他们会忽略现实的必要性，也较少愿意花时间去帮助他人。

● 超未来时间观

他们往往具有良好的自我约束力，没有侵略性，关心未来的后果。

人们总是倾向于发展和过分使用一种特别的时间观念，比如聚焦于现在、过去或未来。“物无美恶，过则为灾”，过度倾向某一类的时间观念并不是一件好事。比如，消极的过去观念者和消极的现在观念者在创造力方面都不擅长且较为抑郁；而未来时间观念者太注重将来，抑制了现实的需求。即使是积极的过去观念者或积极的现在观念者，也不是没有问题，他们通常会表现得较为任性、没有毅力、具有暴力倾向等。

研究发现，时间观念在工作中扮演着重要角色。能够了解自己所持的时间观念，并积极调整、使之更均衡的人，会拥有更好的人生。这些人对待现在和过去都非常积极，也拥有对未来的憧憬。他们在工作和事业上更容易实现自我，取得成功，在生活中也会与家人和朋友融洽相处。

这些能够更好均衡时间的人，会如何看待过去、现在和未来？

对他们来说，过去是一本学习笔记本，记载了学习的线索，他们会定期检查成败得失，思考如何更好地进步。

现在是一个资源仓库，每个人每天都拥有同样的时间现金 86400 秒。如何度过今天，最终决定了你的未来。人们需要珍惜并妥善利用这些资源，去体验人生和投资未来。

未来则是一份礼物，一份由自己制作、寄出、签收的礼物。每个人的未来都是由现实的自己创造，思考自己想要什么，从现在开始行动，就会改写自己的未来。

绝大多数人都高估了自己十年后所做的，而低估了现在的自己能做什么。他们对未来抱有希望，觉得自己可能会有大成就，将未来寄希望某一个不可知的机会，并且说“在未来，一切都有可能发生”。实际上，未来并不是魔法师，不会将所有想要的东西变到你的手上。仅通过想象是无法抵达未来的，最现实的方法就是通过过去获得经验和能量，从现在开始设定目标，之后不断努力接近那个目标，最终抵达理想的未来。

结论

从本质来说，对时间的理解和使用是人们实现自我必不可少的组成部分。大多数人都拥有某种偏激的时间观而不自知。或耽于过去不能自拔，或乐于享受而缺乏长远规划，或极度寄希望未来而舍弃现在的生活……在某种程度上，这些人都是失败的。只有那些“拥有均衡时间观念”的人才是真正的人生赢家。这些人对待现在和过去都非常积极，也拥有对未来的憧憬。在工作中，他们更容易取得成功；在生活中，他们与家人、朋友的相处也更为融洽。

2 定制未来的自己

时间投资和金钱投资一样，都是越早开始越好。长期来看，看得更远的人在收入水平上要比看得近的人更高。

可以预见的是，前进的道路上，人们会遇到大量复杂的难题和挑战，不同的人会在不同的阶段退出。原因在于，人们对未来的不确定性感到恐惧。人们感受到的困难越大，这种恐惧就越大。因为越大的困难往往暗示着这个任务需要投资的时间越多，我们可能无法收回成本。从这种角度来说，每个人都是最优秀的直觉经济学家：当我们说畏难的时候，我们畏的其实不是困难本身，而是困难背后所暗含的时间成本。

我们要明白：过去、现在和未来是一体的、延续的。眼前的现实，只不过是我们在过去选择而产生的结果，只不过有些是我们的主动选择，而另一些则是被动选择。我们期待的未来，有百万种的可能性都只是过去事件概率的集合。某种程度上，未来并不是我们遭遇到的，而是由我们自己设计创造的，而我们正是这位设计师，我们就是为自己编纂未来的那个人。

定制一件高级礼服，你可能需要七步。

1 需要找一个了解你个人风格的设计师，并且非常专业，相当有耐心

2 与设计师沟通你想要什么样式、用于什么场合

3 仔细地量体

4 设计师按你想要的风格出设计图纸

5 选面料、工艺，制作样衣

6 若干次试衣和调整细节

7 礼服定制完成

而定制未来的自己，也需要七步。

意识 认识到你是自己人生的总设计师。只要你将更多时间和精力专注于你的价值点，你就有机会改变未来的轨迹

目标 思考自己想成为什么样的人，三年、五年甚至二十年后你想如何工作和生活

分析 客观评价自己。分析自己的优势、天赋和兴趣，以及不喜欢、不擅长哪些事情

计划 根据你独有的能力优势，确定未来蓝图和行动计划，将长期计划细化、量化

练习 确认你最有价值的工作，集中资源，不断精深练习，把能力优势转化成核心竞争力

调整 关注进展、评估结果、不断调整方案

达成 逐步接近目标，最终成为理想中的自己

定位未来人生，不仅需要勇气去选择，还需要智慧去专注，更需要大量时间来完成。这是最高级别的定制。那么，如何开始你的定制人生第一步？

我们应当牢记“定制人生”的两大原则。

01. 应该做较为长远的规划，尽量投资时间在你所重视的方面。时间的利用重点是投资而非纯粹消费。时间是人们度过一生的媒介，每个人的工作经验、事业成就、金钱财富、社交关系都以时间的流逝和努力为代价换来的。

尽管不同的人对自己理想人生的设想会大相径庭，但是，几乎所有人的长期幸福感大致都与四个要素有关：

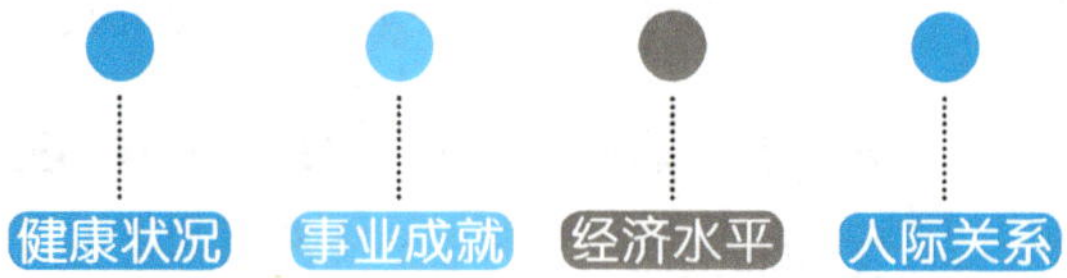

不同的人对这四大要素有不同的优先次序和权重，甚至同一个人在不同的年龄阶段，对这四大要素的感受也会不同。例如，年轻人会比年长者更注重事业成就，而较为忽视健康水平。女性对人际关系的重视程度远远超过同龄男性，人际关系的和谐比经济水平的满足更能影响她们的幸福感。 而 80% 男性的自尊和快乐主要来自职业所获得的成就，以及对外部世界的影响和改变（这就是为什么男性更喜欢谈论政治和社会，而女性更热爱心理学的原因）。虽然存在种种差异，但每个人都需要通过管理这四大要素，而获得世俗的幸福感，这一点是毋庸置疑的。

Q：如何规划和发展这四大要素，确保在生命中的每一天都能做好对未来的投资呢？

日本作家佐藤传曾出版过一本非常受欢迎的书籍《晨间日记的奇迹》。他在书中建议了一种特别的写日记方法——不是在晚上临睡前写，而是在每天清醒之后写。佐藤传采用了“九宫格”的方式规划每天的工作和生活计划，他在九宫格的四个角落留出固定的空格，分别填上每天要在健康、事业、人际和个人学习方面做的事。每天晨起之后，佐藤传做的第一件事，就是完成这份九宫格晨间日记，并且将这件事坚持了十多年。

延伸阅读

佐藤传每天早上用固定的 3 分钟时间写晨间日记，通过特定的九宫格日记方式，将人生的长期目标落实到每天的行动计划中。十多年来，佐藤传坚持不辍，以自己的亲身经历证明了晨间日记是一种非常有效的目标管理和任务管理工具，因此被称为“创造奇迹的晨间 3 分钟”。对于很多目标感模糊、执行力弱的人来说，晨间日记是很好的行动指南，可以帮助人们确立长期目标，规划每日行为，并逐步接近理想。网络上有多个日记类 App. 都采用九宫格方式记录每日行动规划，如功能强大、页面简洁的格志，不仅有网页版，还支持云端输入，使每一天的记录变得更加轻松简便。

时间投资和金钱投资一样，都是越早开始越好。从长期来看，看得更远的人的收入水平上要比看得更近的人更高。

>> 案例 >>>. 哈佛女生的三大目标和行动 >>>

30岁哈佛女生一稼提供了一个优秀的示范。在大学毕业后的八年中，她先后穿梭于三大洲、四个国家、六个城市，并经历了从银行金融业到高科技行业的转行。忙碌中，她从未停止过对理想人生的思考和探索。经过不断的观察和内省，一稼逐渐厘清了自己的长期目标，并归纳为三点：

之后，她重新调整了每天的工作和生活安排，将自己的行为与理想目标挂上钩。在她如实记录自己日常生活的两篇日志《哈佛 MBA 的新人生：周一篇》《哈佛 MBA 的新人生：周六篇》中，我们看到了一个有清晰头脑的人是如何规划和度过一整天的。

从早上 6:55 起床到晚上 22:30 入睡，一稼把清醒的 15 个小时 35 分钟，分成了 45 个片段，每个片段从 1 分钟到 1 小时不等。她在一天之内一共完成了 45 件事情。

除了正常工作之外，占据她最多时间的有两项内容：金融学习和身体锻炼。一稼认为这是她现阶段的重点。为了实现经济自由，她聘请超过 15 年经验的资深证券交易员学习，每周花 10 小时以上时间研究专业金融知识，并尝试记录模拟交易（paper trading）。此外，她还聘请了私人健身教练，每周健身 3～4 次，以正确和健康的方式生活，改善了饮食结构，保持更旺盛的精力，也使身材更匀称健美。

一稼并没有像一些同龄女孩那样，花大价钱去买奢侈品，但却愿意将金钱和时间投资在她认为很重要的领域。

时间的宝贵在于生命的有限。任何一个人在时间方面的投资都是有限的。如果时间有一个总量，那么我们对它拥有的只会越来越少——时间正时时刻刻从你的生命中流逝。人们一旦意识到时间存在机会成本，就会表现得更加谨慎，会做一些更有意义的事情，比如将时间投资在某个关注的领域，而不是将时间白白地虚掷在纠结、抱怨或消极的情绪中。

02. 在人生的每个阶段，设定阶段性目标，有针对性地发展能力，并不断调整和超越。人的身体会停止成长，精力会衰退，而大脑却能够不停思考。在人生的不同阶段，人们依然像孩子一样需要努力地成长，学习新的技能，处理外部世界变化带来的新的问题。这种成长有其规律。

职业早期

人们需要花较多时间学习大量新知识，练习如何使用新的工具完成工作，然后逐渐总结为可复制的经验，不断提高工作效能。

职业中期

新知识学习的比例会逐渐下降，同时，经验的总结上升速度很快。对个人精力的管理、对外部资源的关注和整合开始进入到视线范围内。无法胜任高强度和高竞争性工作环境的人会被淘汰出局。

职业后期

对外部资源和内部精力的管理将成为一个重要的发展瓶颈。掌握了大量可交换资源，并将其重新整合、包装、增值变现的人将获得更多机会。只有精力充沛，同时具备强大协作能力和跨界眼光的人，才会成为值得信赖的领导者和行业专家。

结论

未来并不是我们遭遇到的，而是由我们自己设计创造的，而我们正是这位设计师，我们就是为自己编纂未来的那个人。我们应该牢记“定制人生”的两大原则：第一，对时间做长远规划，利用时间而非消耗时间，投资时间在你所重视的方面；第二，设定阶段性目标，有针对性地发展能力，并不断调整和超越。

3 如果时间重来，你要知道的七件事

世界很大，未来不远，愿大家都快乐地实践自己的理想。

《庄子》中有言：“蘧伯玉行年六十而六十化，未尝不始于是之，而卒之以非也。”意思是，蘧伯玉活了六十年，思想一直随着年月而变化着，有些当初自己认为对的东西，最终觉得是不对的。对过往观念和成就的颠覆，往往意味着视野扩大，思维全面成熟。这就是阅历带来的智慧。

在年轻时，人们总觉得自己心怀理想、精力充沛且道德正确。人们渴望被理解和认同，相信努力可以创造一切，认为青春不应该白白虚度，每时每刻都应该努力上进。但当岁月流逝之后，人们才发现，是非对错的判断不仅凭借基础知识，也可能基于价值观；理解他人和被他人理解并不重要，努力只是成功的必要条件而非充分条件；被浪费的时间只要是自愿就不算浪费；人生总是好坏交错，平淡才是永恒的主旋律。

如果时间重来，或许你需要知道这七件事。

永远保持对目标的方向感

《爱丽丝梦游仙境》中有一句名言："如果你不知道要去哪里，不管往哪个方向走，你都会在迷路。"

当人们失去目标和方向，所有的努力都只是在绕圈子，甚至会陷入同样的错误中。你可能历尽千辛万苦，达到一个看起来不错的地方，但你发现，这并不是你想要的。人到中年发现梯子靠错了墙（从事了不适合的事业）是非常可悲的。

最好的人生旅途恰如一个高尔夫球场。我们站在高尔夫球场内，眼前一片开阔，有如茵的柔软草坪、果岭、小溪、沙坑，还有复杂的灌木丛。大多数时候，我们看不清最终目标，但只要我们能对大致方位有基本判断，就不会犯原则性、方向性的错误。我们会耐心而认真地设计路线，选择最适合的球杆，力求每杆都能离最终目的地更近一些。当我们发现，每一次挥杆都离目的地越来越近，我们的自信心就增加一分，与此同时，我们的能力也在潜移默化地提高。

在球场上，一杆进洞的奇迹很少发生。在职场中，也少有人有如此幸运，能在最初开始工作的时候，就拥有一份擅长、喜爱，愿意奉献终生的事业。但是，只要我们知道目标在哪里，并且能做一些准备，大多数人都可以或早或晚地到达目的地。

你从平台得到的并不能带走，你为平台付出的才是自己的

润米科技董事长、前微软战略合作总监刘润先生曾说过一句话:“我真的很幸运，能够很早就站在微软的平台上，认识那么多牛人，学到很多。最后还能保持清醒的认识，哪些是平台的，哪些是自己的。你从平台得到的，都不能带走，你为平台付出的，才是自己的。”

很多年轻人一毕业就进入好公司，拿着不菲的收入，在大公司的品牌光环下“熠熠生辉”，殊不知，这些公司稳健运营多年、系统完善、流程周全。千万不要觉得自己做出来的业绩就代表自己的实力。真正的能力表现方式是个人给予平台的，而非个人从平台获得的。想想进公司之后，你为公司做了什么，而这些事情又为公司带来什么样的价值贡献？公司得到的是贡献本身，而你得到的是能力和经验。因此，客户、市场、订单并不真正属于你，但通过工作，延伸出来的人脉、洞察力、思维方式、勇气与智慧却成为你的可贵财富。当人们能放下对成功的执着，放弃对过去成功经验的依赖，真正殚精毕力地思考自己如何为对企业做出更大贡献的时候，才能“熠熠生辉”。

顺境赚钱，逆境赚能力

港片《岁月神偷》中，吴君如扮演的“罗嫂”给一双鞋分别取了名字，一鞋名叫“一日难”，另一鞋就唤作“一

日佳”。的确，人生总是一日难，一日佳，难一日又佳一日。从来不存在一帆风顺的人生，也没有诸事顺利的公司，顺境和逆境交错才是真实的人生。但过去的已经过去，总归是好日子。顺境赚钱，逆境赚能力，难道这还不够理想？

当逆境来临，既有勇气去接受，又有智慧去改变。遇事多想想还有什么其他可能性，相信凡是和人打交道的都不是定论，一定有可通融之处，即使碰壁，也要努力破壁而出，直到最后一刻也不放弃。

学习投资，越早越好

世界上所有的幸福都是自由的各种变体，财务自由、时间自由、心灵自由莫不如此。拥有财务自由可以选择做什么或不做什么。当人们没有这种财务自由，则必须被迫做许多并不愿意做的事情。

只知道努力工作的人，其实失了另一种资产增值的机会。无论工作多么忙碌，都要花时间去学习投资和理财知识，在摸索中渐渐成长。在投资方面，起步越早，收益就越大。因为你可以用较少的资金，摸索出最适合自己的投资方式，而在拥有较多资金的时候，就可以享受这种安全稳定的方式带来的便利和价值。统计收入和规划支出是财务投资管理的“万里长征”第一步。

扩大圈子，连接世界

绝大多数人 90% 的时间都生活在隐性圈内：生活半

径在 20 公里之内，人数不超过 20 人。每一天，我们都被这些圈子内有限的言论、筛选过的事件影响，但却浑然不自知。

每个人都拥有自己的圈子，圈子给人带来的感觉更多是舒适感。但是当人们谈论着熟悉的话题，甚至反复吐槽熟悉的人与事，其实并没有产生知识的扩张和观点的碰撞，视野决定了我们的行为。在现代社会，人们完全可以也必须突破行业圈子和地域的限制，借助互联网的力量，去阅读和理解更广阔的世界。现代人要养成与不同行业的人交流的习惯，参与不同的社群组织，为自己扩大未来的可能性。未来的成功基础必然奠定在专业能力和资源整合之上。

做一个真诚、讲义气、有内涵的人

真诚是为人之本。在沟通交往时，我们固然需要愉人悦己，需要讲究一些技巧，但更重要的是，与他人沟通的“内核”应当是真实有内涵的。我们总是愿意和一个话题新鲜、知识面广泛、有独立思想和观点的人交流，而远离一个观点陈旧、言语乏味、毫无主见、一味附和的人。因此，要努力使自己成为一个真诚的、有内涵的人，就能使与我们交流谈话的人如沐春风。

养成善意对待他人、尊重他人的习惯，凡事多从对方角度思考、理解他人。尊重对方，不仅是尊重对方的名声地位，更是尊重对方的时间和付出。做事大气、不计较得失会为自己赢得更多真诚相待的朋友。虽然可能会被骗、受伤，但总体来说，有更多朋友会因此信赖你、喜欢你、帮助你。相信绝大多数人都是念情感恩的人。从长期来看，善待和帮助他人就是善待和帮助自己。

大多数人在 20 岁的时候，最佳的出头机会就是努力勤奋，越努力越有机会。到了 30 岁，就要凭借能力和经验赚钱，工作有了一定基础，发展跳跃的节奏可以减慢，但脚步扩大了，速度反而会越来越快。年过 40，更多是凭借之前的资源积累来获得财富收入。

保持终生自省和学习的习惯

教育家陶行知在重庆创办育才学校的时候，要求全校的学生养成每天自省的习惯，做到每天四问。第一问，你的身体有没有进步？第二问，你的学问有没有进步？第三问，你的工作有没有进步？第四问，你的道德有没有进步？每天自问自省，方能日日有所进步。

学习是我们探索世界、更新自我的方式。梁文道先生曾这样定义学习：“我们的学习不需要别人来告诉我做得好不好，甚至不是为了将来要做学问、做学者，出论文来证明学得怎样，那种乐趣本身让我觉得自己很快乐，感觉到自己的能力在增长。这种能力的增长与其说是功成名就的能力，倒不如说是一种喜欢。这是一种终身的学习，在学习的时候获得报偿和快乐是立即的、直接的，甚至带给你一种人生的意义。但是在今天，我们讲得更多的是下班以后去念 MBA、考证书的学习。这种学习与前者的区别在于它通过一种能力来获得物质的回报，报偿是间接的。”

世界很大，未来不远，愿大家都快乐地实现自己的理想。

结论

不要留恋过去的成就。每个人都应该努力突破已知，忘却好评，立足脚下，志在千里。学习是我们探索世界、更新自我的方式，跳出框架，学会从更高的视野看世界。保持真诚，善待他人，你热情回报世界，世界也会同样热情地回报你。

第三章 职业定位三部曲

1 能力、兴趣与趋势

完整的职业定位包含三个基本要素：体现能力优势、满足持续激情、符合发展趋势。

很多人对要找工作这件事有深深的困惑：如何发现我喜欢什么？我到底适合做什么？做什么样的工作最有发展？

著名物理学家杨振宁曾经谈到“如何选择自己的专业目标”，他的依据是：

超级企业家伊隆·马斯克在大学时代就意识到：对未来人类影响最大的五件事是能源、互联网、星际移民、人工智能和基因改造。因此，他前后成功地开创了贝宝公司（Paypal，支付宝的前身）、电动汽车公司特斯拉（Tesla），太阳能源公司 Solar City，火箭公司 Space X。为了对抗 AI 的潜在威胁，马斯克又在 2017 年 4 月创办了新公司

Neuralink，致力于解决脑机交互的问题。

这些卓越的科学家和伟大企业家们往往有一种强烈的使命感，驱使他们研究与未来相关，能改变世界、促进社会进步的科研领域。对他们来说，趋势是永恒的第一位，社会的需要和科学的发展就代表了他们的工作方向，而兴趣和能力是次要的，可以通过在工作中不断培养学习。

而关于兴趣和激情，最典型是乔布斯在斯坦福大学所做的演讲。乔布斯在那次演讲中提到："你一定要找到你所热爱的。你的事业将会占据你生活的很大一部分。你真正得到满足的唯一途径是去做你坚信伟大的事业。而做伟大的事业的唯一途径就是热爱你做的一切。如果你还没有找到，继续找。不要妥协，就像其他一切需要心灵感受的事物，当你找到的时候，你会知道的。"

如果把时钟拨回乔布斯的青年时代，我们会惊讶地发现，乔布斯当年并没有追随自己的这套理论。年轻的乔布斯当时对商业和IT并不感兴趣，而是热衷于研究历史、禅学和舞蹈，追求心灵的启迪。但为了挣快钱，乔布斯和朋友沃兹·尼亚克成立了电脑销售公司，产品大受欢迎之后，他才创立了苹果公司。可以说，步入IT行业只是乔布斯的误打误撞。

激情可能是一个错误的诱惑。无数年轻人试图找到自己的独特使命或激情，正因为如此，他们很容易反感自己当前的工作，对普通的格子间工作感到厌倦。如果真的让这些人毫无顾忌地去追求激情和理想中的事业，他们有很大概率会失败——既没有感受到激情，也浪费了时间、精力和金钱。

我们到底应该如何获得有价值的职业生涯？对于大多数人来说，"趋势"、"兴趣"、"能力"这三个要素的优先级恰好相反。做好职业定位，第一要考虑的就是“能力优势”，对职业能力的鉴别和培养奠定了职业成功的基础，其次是“兴趣”，最后才考虑“趋势”。简单来说，就是判断“我是否擅长干这件事”、“我是否喜欢干这件事”，以及“外部行业趋势是否支持我持续地干这件事”。

发现自己的能力优势

能力优势对个人的职业成功和职业满意度有决定性影响。虽然人的潜力巨大，但很少有人能在工作中发挥超过自身潜力 20% 的水平。研究数据表明，仅有 17% 的职场人士认为，他们在工作上实现了“人尽其能，才尽其用”。而当人们从事其他擅长并热爱的工作时，工作效率可以显著提高。假设这个人能发挥的潜力从 20% 提高到 40%，那么对他本人来说，他的工作效率就翻了一倍——而这只是开始。

著名“优势理论之父”、国际职业咨询业先驱伯纳德·霍尔丹博士指出，每个人都拥有自己独特的优势模式，都有能力将一件事情做得比其他人更为出色。人们一旦发挥自己的核心优势，就如同火药引子被点燃一般，从内心深处焕发出热情和满足。他们工作主动积极，充满信心和斗志，会使用更有创造性、更灵活而富有弹性的方法来完成工作。他们往往不满足已获得的成就，不断追求卓越，在面对困难时会更有耐心，坚持得更久。而这些都是获得事业成功的关键。

已故管理大师彼得·德鲁克也强调了能力优势的重要

性：“理解自己擅长些什么，以及应该强化和开发些什么，是自我发展的关键。”但是，人们常常由于各种原因，不了解自己的优势到底是什么，也无法理解成就感、兴奋和满足到底意味着什么。

例如，一个人的综合能力越强，就越不容易辨别自己到底擅长什么。这点很好理解，一个能胜任大部分工作的人，必定是公司和部门中的核心人物。他承担的工作越多，完成得越出色，得到的嘉奖和好评就越多。同时，公司会要求他去完成更多的工作，从而令他丧失集中发展能力优势的机会。另外，有些人在从事某些非擅长的工作时，也可能获得一些不错的成绩，并感觉到兴奋和满足。

Q：人们应当如何了解自己的能力优势呢？你可以通过工作观察法，从过去的工作中找到隐藏的线索。

- 在目前的公司，你的个人业绩排名在团队中情况如何？（低于5%，5%～25%，25%～75%，高于75%，甚至更高）
- 你是否在这个部门中获得过晋升和转岗？是由于什么原因？
- 工作能力与目前岗位的工作要求相比，你认为：工作太简单/恰好可以胜任/有难度，有挑战/不匹配？
- 最喜欢工作的哪些部分？
- 最不喜欢工作的哪些部分？
- 如果不考虑经济问题，你最喜欢做的三件工作或事情是什么？思考它们之间的共性。
- 在工作中，哪方面你最有兴趣学习，并且学习得非常不错？

- 在工作中，你对哪些事情感觉困难？哪些学得非常认真但依然感到吃力？
- 除了你现在的工作，你最愿意尝试哪种类型的工作？为什么？你愿意为此付出什么代价 / 成本？
- 你的上司如何评价你的工作？
- 询问你不同圈子的朋友最欣赏你哪一方面？如工作伙伴、家人、合作方、同学、朋友等。
- 回想过去五年，最有自豪感、成就感的三件事是什么？（每件事情至少相隔一年）

如果你还没开始工作，同样也能从自己的学习生活和与他人的交往中获得类似答案。你可以问自己：我擅长什么？什么事情我能轻松搞定，而且表现得比大多数人更强？我喜欢做什么，不喜欢做什么？在什么样的环境下，我更容易发挥出色？

在第一次测试完成之后，每过半年左右可以再分析一次。当不同阶段测试结果趋于稳定，就能够大致确定自己的核心优势。

审视个人工作经历，卓越的工作表现可能暗示着你在某个领域具有天赋。但能力优势不仅是指某种天赋，更包含了人们反复应用天赋、获得成绩并不断强化而形成更高级别的能力组合。可用以下公式表达：

能力优势 = 独特天赋 + 丰富经验

在《现在，发现你的职业优势》一书中，作者马库斯·白金汉介绍了运用SIGN四大标志发现自己真正的能力优势。

S Success（成功）在某件事上，你比其他人更容易获得成功。同样的工作，你明显比其他人完成得更快，而且质量更高。

I Instinct（暗示）在做某事之前，你对此事充满期待，非常乐于展示这方面的能力。

G Growth（成长）在做某事的过程中，你充满求知欲，非常专注，乐于不断学习与此相关的知识。

N Needs（需求）在完成某事之后，你会感觉很有成就感，你喜欢工作带来的挑战和满足感。

延伸阅读

《现在，发现你的职业优势》的作者马库斯·白金汉，毕业于剑桥大学，在盖洛普公司工作长达 17 年，主持多项职场绩效的研究。书中详细介绍如何运用四大标志（SIGN）发现自身优势；每周采取一些简单步骤，把工作时间更多地用于优势领域，远离弱势地带；书中还附有能力优势测试密码，可以进行个人优势的测评分析。

>> 测试 >>>>>.. >>>>> . 提炼能力优势 >>>>>>

回想过去的工作，选择三件你真正擅长的、带给你强烈成就感和巨大成绩，并愿意不断学习的工作任务。按照任务发生的时间，从左到右填写下表。每项工作任务最好间隔半年左右，每一项任务匹配的能力最多不要超过六个。接着你需要在这些载体中进一步提炼出蕴含在其中的“能力优势”。分析在这些工作中隐含的能力，在下面表格中打钩。

任务背景	任务描述			
	发生时间			
独立工作	资料检索能力			
	书面表达能力			
	分析计划能力			
	服务执行能力			
交互工作	人际交流能力			
	教育辅导能力			
	领导指挥能力			
	公众演讲能力			
管理工作	商业洞察能力			
	创新变革能力			
	战略规划能力			
	解决方案能力			

某培训公司大客户咨询顾问 A 填写了下面这张表格。

任务背景	任务描述	为某企业大学提供培训，获得该客户历史最高评价。因此获得第二年度订单	通过长达一年半的前期咨询、沟通、谈判，某大项目应标成功	40天跟进新客户，签下超过600万元的销售合同
	发生时间	2016 年 5 月	2016 年 8 月	2017 年 1 月
独立工作	信息敏锐度	√	√	√
	书面表达能力			
	分析计划能力		√	
	服务执行能力	√		
交互工作	人际敏锐度		√	√
	团队合作能力			
	领导指挥能力			
	公众演讲能力	√	√	√
管理工作	商业敏锐度	√	√	√
	创新变革能力		√	
	战略规划能力			
	解决方案能力	√	√	√

按不同能力出现的次数进行排列：

信息敏锐度：3 次	公众演讲能力：3 次
商业敏锐度：3 次	解决方案能力：3 次
人际敏锐度：2 次	服务执行能力：1 次
分析计划能力：1 次	创新变革能力：1 次

通过分析发现，A 经理在不同的任务中都选择了信息敏锐度、商业敏锐度、公众演讲能力、解决方案能力等能力，这是他胜出的关键能力。但能力并非一成不变，例如服务执行能力仅在第一次任务中出现过，在后面两次任务中就不再显得重要。而分析计划能力、创新变革能力只是在部分项目中有所体现。A 经理需要分析未来项目中不同能力的重要性，并有针对性地加以培养。明确自己的核心能力优势，将时间、精力和资源聚焦于能力发展，不仅可以形成明显的竞争力，也会为自己增加潜在的商业机会。

寻找内在兴趣

天赋和兴趣并不一致。有些人在某些领域具有显著的天赋，但他们在从事这些工作的时候，并不能感受到快乐和兴趣。有许多人因为他人的要求，勉强从事着一份并不擅长也不喜欢的工作，虽然能够胜任，但却感受不到多少满足感。马特的例子或许可以给你一些启发。

>> 案例 >>>. 为什么有人会反感自己的天赋？

马特·波特（Matt Borden）是一个近乎完美的自由游泳天才。在他 6 岁的时候，一位在海滩上观察他游泳的救生员找到了他的妈妈，并告诉她，她的孩子具备非常突出的游泳潜质，因此他强烈建议她将孩子送到游泳队。

可是当第一次进游泳队的时候，马特却假装自己什么都不会。在被妈妈呵斥之后，马特展示出了他与生俱来的游泳天赋。此后不久，马特就在各种比赛上获奖无数。虽然游泳让他得到了许多荣誉和嘉奖，也获得了同学、老师和家人的称赞，但马特却对游泳越来越反感。随着时间的推移，马特发现在每次比赛前都会头痛，全身无力。

除了游泳，马特还有其他的喜好，比如弹吉他和音乐创作。他逐渐发现，只有在玩音乐时，才能找到自我。

高二临近结束的时候，马特下定决心退出了游泳队。随后，马特的头痛症不治而愈了。如今，马特成为了一名音乐制作人，并在加州南部拥有一间工作室，他对自己现在工作和事业非常满意。回想起当初假装不会游泳的画面时，马特意识到，其实在童年时，他看似幼稚的反抗行为，就已经隐藏了自己对未来的预见，只是不那么明显而已。只有到了他自己足够成熟，能够独立做决定的时候，他才逐渐从自己内心的感受中，体会到上天传来的这一信息。

你有可能和马特一样，正在做一些你有能力但没兴趣的事情。但是，更多人做不到马特的勇敢和坚定，只是按照他人的要求，去做一些他们似乎很擅长的事情。

不要因为你擅长做某事，就去做那件事；也不要因为你喜欢做某件事，而去做这件事情。要做那件不仅擅长，而且会感觉到无限乐趣的事，并争取把它做得更好。

荣格曾说："做什么事能让时间过得飞快并让你快乐，这个答案就是你在尘世间的追求。"

你有没有达到过这样一种状态：一旦开始工作或学习，会很快投入，不会被干扰，只是沉浸在自己的世界中，并且感觉充实、充满愉悦感。有没有体验过这样一种感觉：当你正在做一件什么事，时间开始飞逝，杂念迅速消除，仿佛周遭的一切都消失了？

这种令人神往的状态被称作"心流"（FLOW），也被译为"神驰"。如果你不知不觉地同某人非常尽兴地谈了一下午，或者心无旁骛地从事一项工作，你就正在经历"心流"。

米哈里解释道："行动者进入一种经验模式。在该经验中，他们好像被吸引进去，意识集中在一个非常狭窄的范围内，以至于与活动不相关的知觉和想法都被忽略掉，自我意识消失，只对活动的具体目标和明确的回馈有反应。当我们感觉与所做的事同步起来时，我们就处于一种心流状态。"

还有一种非常生动的描述：当我们充满热情地去做喜欢的事情，感觉上只过了半个小时，可抬头一看，可能已经过了五小时。实际上我们只衰老了半小时，而我们之外的世界衰老了五个小时，当我们回过神来，校对外面的时间时，又重新接上了时间。

心流状态下的大脑正在发生一种名为"瞬时脑前额叶功能低下"(Transient Hypofrontality) 的状态。"低

>> 理论 >>>>>.. >>>>> . 心流 >>>>>>

最初源自匈牙利裔美国心理学家米哈里·齐克森米哈里 (Mihaly Csikszentmihalyi)。他在 20 世纪 60 年代观察艺术家、棋手、攀岩者及作曲家时注意到，这些人参与他们的工作或活动都是出于共同的乐趣，这些乐趣是来自活动的过程，而外在的报酬是极小或不存在的。当这些人在从事这些工作时，几乎都是全神贯注地投入，经常忘记时间和对周围环境的感知。这种由全神贯注的投入所产生的感受就被称作心流体验，也是一种最佳的体验。

下”(hypo) 意味着放慢甚至完全停止，这只是大脑工作的正常表现形式。正如新陈代谢降低和心跳减缓，也是身体工作的一种正常表现形式而已。

在我们的大脑系统中，有两个截然不同的系统：外显系统和内隐系统。外显系统主要用于提升认知的灵活性，通常由脑前额叶颞叶负责；而内隐系统则用于提升工作效率，主要由基底核负责。两个系统之间存在着制衡关系，非此即彼，一般情况下很难达到两者同时很高的状态。而心流的状态，正是将内隐系统发挥到极致，而抑制了外显系统的发挥。在神经科学试验中，心流的产生往往伴随着基底神经节活跃度的增加，也意味着内隐认知过程得以促进。同时，前额叶皮层活跃度降低，中颞叶活跃度也降低了，外显系统变得缓慢。

心流带给人们的，不仅是时间上的错觉和无与伦比的愉悦感，更能带来大脑功能的最高水平的释放。著名的咨询机构麦肯锡公司在 2013 年有一项令人振奋的发现：普通人仅有 5% 的工作时间处于心流状态。如果人们能够将这个比例提高至20%，整个工作场所的生产力将提高一倍。

经过研究，发现心流出现的基本规律基于以下事实。

- 事件是个人自愿选择的结果
- 符合个人的兴趣
- 工作效果可以及时被反馈
- 任务虽有挑战性，但能够被完成
- 时刻跟自己的能力优势相联系

发自内心的兴趣，能使人们无畏地投入精力和时间，在不断战胜自己、提升自己的过程中感受到无穷的乐趣，即使遭遇失败、压力和困难，还能够始终不放弃，充满激情地工作。

分析外部发展趋势

对未来趋势、商业环境、最新科技的关注和研究，是现代职场人要做的一项重要功课。每个人都应该定期地评估自己的工作情况，确保自己的职业目标、行动规划与行业市场状况保持一致。当你处于以下六种情况之一，对未来趋势的观察和分析工作就尤为重要。

1. 处于行业整体衰退或业务持续滑坡企业中的员工
2. 处于组织中变革的企业员工
3. 对工作职责尚不确定或刚刚接受了新工作的员工
4. 管理培训生、储备干部、潜力员工和主管
5. 想要得到跨区域工作机会的管理者、被列入继任者计划的潜力员工
6. 负责员工职业生涯管理的人力资源管理者、员工管理专家、组织管理专家

评估外部趋势的最终目标是理解外部环境变化对行业、岗位、工作内容、技能的影响或变化。这项工作既可以独立开展，也可以和他人一起进行。如果从“最大化洞察”的角度考虑，寻找一些朋友和你一起完成这项工作，效率会更高。因为更完整的信息往往来自集体交流，在交流中，他人新的观点能激发思考，引导人们分析新的问题。行业趋势分析的资料有效性优先排序如下：

▶ ▷ STEP 1 | 行业内部人员访谈

▶ ▷ STEP 2 | 咨询公司行业分析报告公司年报

▶ ▷ STEP 3 | 行业杂志和行业论坛

▶ ▷ STEP 4 | 企业招聘信息

▶ ▷ STEP 5 | 企业网站

对于了解行业趋势来说，书籍的作用不太明显，因为它们通常都是滞后的。行业趋势的最佳来源是知名管理咨询公司出版的行业分析报告，如《麦肯锡季刊》、《经济学人》等。此外，还可以关注行业内上市公司的财务报表。考虑到某些案例和分析不够“本土化”，还可以通过行业杂志、行业论坛杂志了解行业上下游企业的产品、服务和业务模式；了解企业招聘信息和查阅企业网站，也可以订阅与这个行业和你想要针对的目标企业直接相关的新闻动态。当然，

最新鲜、最可靠的信息永远是出自于企业内部。

通过这些问题和寻找答案的过程，大致可以了解不同行业在市场中的地位、发展潜力，以及在这个行业中获得发展机会所需要的能力。每个人都应当评估摆在面前的工作机会，认真审视这些机会能否发挥自己的能力优势，能否追随个人兴趣与激情，是否符合行业未来发展趋势。

人才发展和行业的能力要求是紧密联系在一起的。全球技术预测与创新专家们提出了大有发展的未来行业，包括大数据、云计算、软硬件虚拟化、可穿戴设备、生物识别、视觉通信、人工智能、在线学习等领域。各个行业会逐步进入科技生态系统，最新的“首席数字官”将正式出现，对数据的使用将由原来的“防守型”转为激进的“进攻型”，主打进攻的数据科学家比将后台的量化分析师更受欢迎。此外，频频曝光的网络安全问题也使网络安全专家供不应求。由于市场竞争激烈，很多企业将采用更多自动化手段来简化后台流程，并大力招募有经验的敏捷实践团队，用以控制成本和提升生产力。另外一个需要留意的不可逆转的趋势是向云端的转变，拥有管理云架构迁移能力的专家，会在未来一段时间被更多企业接纳。

当我们了解到这些重要的信息之后，要做出巴菲特所说的“预判和提前准备”就显得容易很多。

我们的思考应该走在行为之前，这样才能保证我们正在走的路，的确是我们想走的那一条路。

结论

对于大多人来说，完整的职业定位需要做三件事：第一，通过以往经历确定个人的能力优势；第二，在压力环境下，寻找能使你获得无限乐趣的事；第三，通过系统全面的观察，分析外部发展趋势，并为自己的职业生涯相互匹配。

2 理想与现实的桥梁：职业探索

通过体验各类工作，可以了解不同的公司需要什么样的人才，以及自己适应什么样的工作、什么类型的公司和老板，甚至可能从中发现未来的职业线索，发现自己的工作热情所在。

很多人对未来的职业往往只有懵懂的认识，在进入职场之后，一旦发现工作内容与自己的理解或理想有差距，就会陷入迷茫或逃避状态。

人的核心资源在于拥有的时间与能力。一方面，个人拥有的时间非常有限，多次试错的时间成本太高了；另一方面，在面临复杂的现实工作情境之前，大多数人并不了解自己的能力，尤其无法客观评价自己与他人的能力差距，工作动机也不稳定，需要进行不断尝试和摸索。

很多大学生和年轻职场人在择业和转行的时候，既没有职业探索的思维，也没有职业探索的行动。例如，在获得人生第一份工作的时候，对工作的性质和内容不去了解，也不做准备，还有一些人仅是艳羡其他行业的高收入和福利待遇贸然辞职转行。这种“不管不顾，生死由命”的盲目求职态度，基本会以挫折或失败而告终。

01. **实习或兼职：**在你真正决定接受一份工作或进入一个新行业之前，尽可能地搜集有关信息。最好的方式是找机会进入这个行业，进行一段时间的实习或兼职，这是了解行业、企业、岗位的绝佳机会。可以亲身体验各种不同性质的工作，完整了解一份正式工作的各个方面，包括主要工作内容、方式、所需技能、所处环境、压力强度，以及潜在风险和发展机会。虽然人们可以通过各类网络论坛和有经验的人来了解这些信息，但是工作的主观职业感受和适应程度是谁也替代不了的。亲自体验各类工作是最好的职业探索方式。

现代商业社会向在校大学生提供了大量的、开放的职业体验（兼职）机会，从行政、市场、销售、客服，到技术、网络、艺术，无所不包。从上大学的第二年开始，你就可以开始考虑、测评你未来要做的工作。同期毕业的本科毕业生，工作经验的差异之大可以超过三年。也就是说，准备充分的人已经提前三年开始职业起步，而在假期没有任何职业体验的学生，毕业之后只能从零开始，使得试错成本成倍增加。

对于年轻人来说，在大学假期累积多份短期兼职经历是很好的加分项。而在毕业之后，短期内跳槽多次的工作经历反而是一个减分项。

许多国外顶级经理人和卓越的企业家的事业都是从假期打工开始的。质量管理大师约瑟夫·朱兰博士在自己的回忆录中说，因为自己的假期打工经验，使贫穷家庭出身的他在大学毕业后的求职中充满了竞争力，顺利迈上职场之路。《飞黄腾达》（The Apprentice）栏目主持人卡罗琳·凯彻，也是一位在大学拥有丰富兼职经验的职场达人。她应聘的第一份正式工作是高尔夫俱乐部的销售经理。当时她才二十二岁，对高尔夫行业一窍不通，甚至从未完整地打过一回合的高尔夫。不过，面试官看重的是她将近十年的餐馆和乡村俱乐部的工作经验。这些都是她在中学开始兼职获得的经验。之后，卡罗琳加盟川普集团，依靠自身的努力，只用了八年时间，在她三十四岁的时候就成了特朗普集团首席运营官、执行副总裁。

02. **咨询内行：**对于那些已经开始工作，错过实习兼职机会的人来说，还可以向这个行业的前辈咨询。第一手资料永远比道听途要可靠。较为严谨的做法是从正反两方面探询。先向几位在这个行业做得出色的前辈请教：为什么会选择这一行？想要在这个行业中上得到更好的发展，需要具备怎样的能力和素质？请对方多谈谈具体事件。他的发展路线是如何的？为什么他可以获得这样的发展？又经历过什么样的困难？为此做出的努力甚至牺牲过什么？如果有可能，再找几位离开这行的前辈，了解他们为什么离开？到底是什么让他们最终放弃了这个行业或岗位？综合考虑这份工作的光环和陷阱，甚至是“行业游戏规则”，再结合自己的能力和发展方向做出你的决定。

03. **职业测试：**职业倾向测试可以帮助了解自己的个性特质、沟通风格，但在职业推荐方面，只能起到部分参考作用。

例如，MBTI（Myers-Briggs Type Indicator）作为最流行的职业人格评估工具，经常被用作性格倾向和相关职业的匹配分析。MBTI 测试主要分析人的四个关键要素。

四个要素两两组合，一共可以组成 16 种人格类型。四个要素在每个人身上会有不同的比重。

其中，ISTJ 的人格类型被描述为：

- 严肃、安静、注意力集中、全身心投入、可被信赖；
- 行事务实、有条理、符合实际、有逻辑；
- 注意保持工作和生活的条理性；
- 勇于承担责任；
- 通过结果导向进行决策，并且不畏惧外在的阻挠，行事果断坚定；
- 重视传统理念与忠诚。

而 ESTJ 的人格类型被描述为：

- 实战主义者，具备企业管理或运用技术的天分；
- 不喜欢抽象理论，喜欢操作性强、能够立即使用的方法和工具；
- 喜欢组织与管理活动，非常看重行动的效率，追求结果；
- 有决断力、同时也很关注细节；

- 有时会忽略团队中他人的感受；
- 喜欢发号施令，乐于担任领导者或企业主管。

而另一个职业性格测试工具——霍兰德职业兴趣量表则根据人格类型和兴趣对人做了区分。霍兰德认为人格可分为：

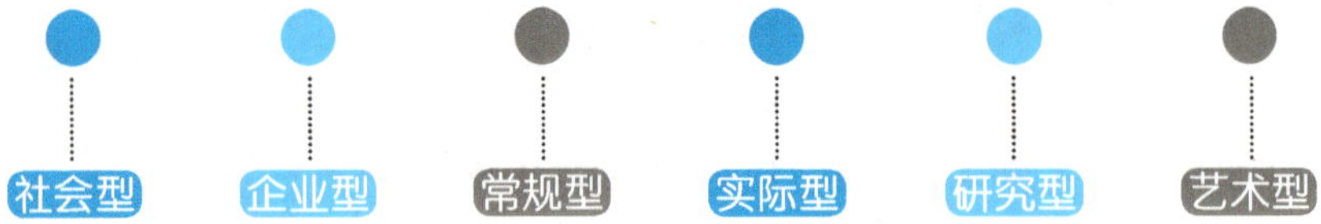

● 社会型（S）

共同特征：喜欢与人交往、不断结交新的朋友、善言谈、愿意教导别人。关心社会问题、渴望发挥自己的社会作用。寻求广泛的人际关系，比较看重社会义务和社会道德。

典型职业：喜欢与人打交道的工作，能不断结交新朋友，从事提供信息、培训、开发或咨询等职业，并具备相应能力。

● 企业型（E）

共同特征：追求权力、权威和物质财富，具有领导才能。喜欢竞争、敢于冒险、有野心、有抱负。为人务实，习惯以利益得失、权力、地位、金钱等来衡量做事的价值，有较强的目的性。

典型职业：喜欢具备经营、管理、劝服、监督和领导才能，以实现机构、政治、社会及经济目标的工作。

- **常规型（C）**

共同特点：尊重权威和规章制度、喜欢按计划办事、细心且有条理、习惯接受他人的指挥和领导，自己不谋求领导职务。喜欢关注实际和细节情况，通常较为谨慎和保守，缺乏创造性，不喜欢冒险和竞争，富有自我牺牲精神。

典型职业：喜欢注意细节、精确度高、有系统有条理，以及记录、归档、组织数据和文字等信息的职业。

- **实际型（R）**

共同特点：愿意使用工具从事操作性工作，动手能力强、偏好具体任务、不善言辞、保守、较为谦虚。缺乏社交能力，通常喜欢独立做事。

典型职业：喜欢使用工具、机器，需要基本操作技能的工作。对需要具备机械方面才能或从事与物件、机器、工具、运动器材、植物、动物相关的职业有兴趣。

- **研究型（I）**

共同特点：思想家而非实干家，抽象思维能力强，求知欲强，肯动脑，善思考，不愿动手。喜欢独立和富有创造性的工作。知识渊博，有学识，不善于领导他人。考虑问题理性，做事喜欢精确，喜欢逻辑分析和推理，不断探讨未知的领域。

典型职业：喜欢智力性的、抽象性的、分析性的、独立性的定向任务，具备智力或分析才能，并将其用于观察、估测、衡量、形成理论，最终解决问题的工作。

- **艺术型（A）**

共同特点：有创造力，乐于创造新颖、与众不同的成果，渴望表现自己的个性，实现自身的价值。做事理想化，追求完美，不重实际。具有一定的艺术才能和个性。善于表达，心境较为复杂。

典型职业：喜欢的工作要求具备艺术修养、创造力、表达能力和直觉，并将其用于语言、行为、声音、颜色和形式的审美、思索和感受，不善于事务性工作。

这些分析和建议，只是基于个人特质指出了某些适合的岗位。而成功的职业定位，更多是基于个人的工作能力，而不是个人特质。在职业面试中，主考官首先关注的是候选人的个人能力，只有当个人能力得到确认之后，才会进行下一步的个人特质的分析与测试，其中主次不言而喻。不包含能力界定的职业倾向测试，只是一个态度友好的参考而已。

04. **工作中观察：**在职员工也可以充分利用工作机会观察和分析，进行有效的职业探索。兼任和轮岗是最佳的职业探索渠道。人们可以观察和留意其他部门同事的工作内容，思考与自己个性和能力的匹配程度。此外，人们也可以通过外部工作机会了解外部客户、不同行业的工作内容，以及所需能力和行业发展空间。例如一位互联网公司的市场人员，可以因工作机会接触到各类媒体、广告公司、公关传播公司、展会活动公司，以及其他新兴媒体。他可以在其中充分了解不同公司和岗位的工作内容和挑战，并思考自己是否适合在这些行业和岗位进行发展。当人们了解得越多，对工作的判断和准备就越有效。

>> 案例 >>>. 从古典文学毕业生到美国薪水最高的 CEO>>.. >>>>>

35 岁的吉姆·曼兹是美国软件公司莲花公司的董事长兼首席执行官，这距离他大学毕业仅有十一年时间。1973 年，吉姆曼兹完成柯尔盖特大学的学业之后，继续到哥伦比亚大学学习古典文学。在学了三个月柏拉图和亚里士多德之后，他加入了《国家评论》杂志社。一年之后，他又跳槽到了一家名为《每日文献》的媒体。三年之后，吉姆·曼兹在塔夫特大学继续学习期间，决定弃学从商。由于不确定该做哪一行，他先加入了麦肯锡公司，成为一名商业顾问（咨询公司的商业顾问可以广泛而深入地接触不同行业和企业，这对于判断一个行业和企业的发展是非常有帮助的）。1982 年，他被公司派到一个工作小组，该小组当时正在为莲花公司撰写商业报告。一年后，吉姆·曼兹加入莲花公司负责市场营销和销售工作。仅两年之后，他就成为该公司的董事长和首席执行官，并成为当时美国薪水最高的首席执行官之一。

结论

在面临复杂的现实工作情境之前，如果没有准备，就等于失败。在你真正决定接受一份工作或进入一个新行业之前，应该通过广泛收集信息、咨询前辈、实习兼职等方式进行职业探索，在充分了解自己的能力和工作性质的基础上选择合适的职业。拥有职业探索体验的人比没有经验的职业新人，在理解自我能力和工作要求，以及在确定职业定位方面更有优势。他们比其他人更有可能做出优质的职业决策。

3 个人品牌创建与传播

归根结底，个人品牌就是他人认识你的标签，并认可你的独特价值。

管理专家彼得·杜拉克曾经说过：当前个人品牌的寿命，要比一般企业的寿命更长；而一个成功的个人品牌所带来的影响力，甚至比一家公司的影响力更大。汤姆·彼得斯说得更加直接：21 世纪的工作生存法则就是建立个人品牌。在互联网时代，建设好个人品牌，有可能比找到一份工作更重要。

个人职业品牌是个人专业能力和品质素养的外在体现。它包含了人们的背景经验、工作经历、工作成就、专业贡献、职业网络、兴趣爱好等信息，并且通过某个清晰的标签来进行定位和传播。成功的个人职业品牌不仅有助于人们提升专业影响力，更能帮助人们获得更理想的职业机会，实现自我价值。

有人认为，在职场中，与其热衷传播个人名声、扩大影响力、追求高知名度，不如打造自己的核心竞争力。其实，在现代商业与职业领域，塑造个人品牌对人们工作和职业的影响越来越大。2010 年，微软公布了一项调查结果称：80% 的 HR 专员将应聘者的网上名誉信息作为他们选拔过程的一部分，其中 70% 的 HR 由于在网上找到了一些应聘者的负面记录，而将他们从面试名单中排除。

还有些人认为，只有资深的职场人士才能成功地建立个人品牌，年轻人由于缺乏丰富的阅历和工作经验，建立个人职业品牌言之过早。其实，个人品牌并不简单地等同于职业经历。个人品牌除了体现个人的工作经验和能力，也涵盖了个人在工作中所体现出来的品质特征。

从开始工作那一刻起，每个人就应该致力于塑造自己的个人品牌。一个人在工作的每时每刻，都在向外界传达着信息，这些信息会给他人留下某种印象，久而久之，印象被不断强化，就形成了个人品牌。即使人们不去创建个人品牌，他人也会根据你有意无意中传递的信息来定义你的个人品牌。举例而言，如果一个人守时守信、做事认真负责、重视他人的委托、承诺必达，就会被认为是一个可靠的人。当一个人面临不确定的外部环境，还能处之泰然、顺势应变，不管条件如何恶劣都能积极思维，就会被认为经验丰富、内心强大的人。

如果你是一个渴望得到更多机会、进入更多顶级猎头名单的职场人士，你就需要尽早创立专业的职场标签，向外界积极地传播个人影响力，建立起鲜明的职场个人品牌。而对于一些专业人士（如作家、设计师、律师、培训师、心理咨询顾问、SEO 专家等）来说，在网络上的知名度和声誉，甚至能够决定其业务所能达到的最大规模和成就。网络正在成为人们建立个人品牌、拓展业务空间最好的工具和平台。

在职场中，优秀的个人品牌管理大致分为三个步骤：

▶ ▷ STEP 1 | 建立专业度：选择某个细分领域，聚焦形成专业度。

▶ ▷ STEP 2 | 建立差异性：建立清晰、独特的个人标签，形成差异性。

▶ ▷ STEP 3 | 扩大传播：利用多种渠道进行个人品牌的广泛传播，为受众增加价值。

01. 第一步，建立专业度。个人品牌的核心基础是专业度。在职场中，发挥专业的价值不仅是专家的事，事实上，每个人都可以通过长期积累，使自己成为某个细分领域的专家。

首先，要通过一些思考和调研确定某个细分市场。比如，你希望在哪个细分市场中进行品牌宣传和推广？你的品牌希望被谁知道并理解？哪些人是你的目标受众？你要影响的目标群体和对象是谁？ 你的潜在客户是谁？你目前在什么样的位置和市场中？谁是你服务的最大和最终的受益者？

其次，进行本行业的知识储备。每天整理工作内容，对工作进行反思和优化，记录成功心得，分析错误案例，如果有问题疑惑一定要寻求解决方案。不管是进行系统的专业阅读，还是通过各类渠道学习各类职场知识与经验，如在线教育网站、传统培训课堂，或是与有经验的同事、行业专家、直属上司、职场导师交流，之后都要进行整理。每天记录相关信息，培养“专业输出”的习惯。

02. 第二步，建立差异性。一个清晰独特的个性化的标签能加强个人竞争力，使个人品牌更有效地传播。每个人都知道，在职场上被替代的可能性越大，风险就越大。防范这种风险的最好方法就是使自己保持差异性，使自己和他人区分开来。

>> 案例 >>>. 宅男变身人气王的个人品牌战略 >

大田正文是一家大型 IT 企业的业务员，热衷于每周参加和主持各类学习会。但由于参加各类学习会的人非常多，在这些人当中，普通的大田正文根本不可能有什么出挑的表现。为了打造他的个人品牌，他思考之后，选择了**活用红海周边的蓝海战略**。红海指的是现有竞争激烈的市场，蓝海是指尚未有人涉足，没有竞争的新领域。活用红海周边的蓝海，就是找到两个红海交叉融合的领域。于是，他把自己的两个特征："爱妻家"和"学习会达人"结合在一起，带了自制名片参加各种活动。社会上有很多"积极参加学习会"的人，也有很多"默默爱妻之人"，但将二者结合并明确宣告出来的，大田正文是第一个。因此，他便令人印象深刻。他从"一个朋友也没有，公司家庭两点一线"的宅男，渐渐转变成为建立了 1000 多人的人际关系，主持 5 个学习交流会的"人气王"，其中包括 1300 位以上会员的"日本经济新闻晨读会"和"创意家居·家用电器晨会"。仅在 2008 年，他就举办和参加各类学习会累积 302 次。通过"休活"这一全新的生活方式，他结交了大量各行各业、各年龄阶段的朋友，而大田本人也曾多次接受 NHK 电视台、《读卖新闻》、《日经商务》等新闻媒体、杂志的采访。可以说，大田利用自己独特的身份和标签管理，创造出一个成功的个人品牌。

延伸阅读

大田正文的《休活》一书在日本出版仅一个月就狂销18万册，并引发社会极大反响，是一部新颖独特的生活类畅销书。作者提出了“休活”概念，分享了充分利用自己的休息时间，培养个人兴趣以及对社会对做出帮助和贡献的真实案例。

03. **第三步，扩大传播。网络时代，个人品牌的传播效果建立在人群交互的数量和质量之上。有效的方式是吸引用户进入社群进行创造性的分享，甚至将内容开源，让目标用户参与、创造新的内容。**

这是一种主动的、精准的“失控传播”。在这个过程中，大量的用户会更有积极性去丰富、创造和传播“他们自己”的内容，而个人品牌管理者得到了更有效的传播效果。

>> 案例 >>>. 互联网时代的个人品牌升级 >>>

自我管理达人Warfalcon（战隼）在互联网进行写作已逾十年，涉及持续阅读、自我成长、健康管理、时间管理等话题。经过初期的积累，Warfalcon的微博已经有几十万订阅用户，但这还不足以使他在互联网信息海洋中脱颖而出。于是，他设计并发起了两次传播效果出众的活动。

第一次活动是“日读一书”。Warfalcon在2010—2011年进行了一个阅读实验：每天完整阅读一本书，一共坚持了379

天。每天为当天读完的书写简评、做笔记或绘制思维导图，并同步在微博和微信中进行直播。整个活动持续一年多，也持续发酵了很长时间，使更多人开始关注到他。

第二次活动是“100天行动”。Warfalcon在2013年5月发起了第二次影响巨大的活动，他号召粉丝采用#100天行动#标签，在个人的微信和微博中，每天记录自己的行动内容。几十万用户持续响应，在各种渠道中推广“100天行动”，并持续至今。迄今为止，这个活动已经推广了近四年，而“100天行动”也成为Warfalcon独特的个人品牌之一，广为人知。

分析这两次活动，可以很明显地看出区别。“日读一书”直播秀的焦点在于“传播者本人”，Warfalcon本人的活动和行为是重点。虽然他成功地引起了人们的注意力，并使用惊奇事件引导读者或用户进行评论和转发，但绝大部分人并无意识参与此项阅读活动。而在2013年开始的“100天行动”，则表现出更强烈的引导性。Warfalcon鼓励用户参与，通过“大众分享”传播，焦点也从个人转向了群体。正因为此，Warfalcon完成了从一位“民间时间管理高手”到“100天持续行动创造人”的转变，塑造了独一无二的个人品牌。

没有互联网的时代，信息的传播和交流效率非常低下。而进入网络时代，互联网在帮助人们展现自己、拓展人际关系、传播和交流专业知识，以及进行市场培育、传播个人品牌等方面，发挥出无与伦比的威力。

在网络上塑造个人品牌和维持声誉，比以往任何一个时代都更为重要。人们可以通过写作、演讲、出版、组织社群活动等方法建立知名度，而鼓励他人引用自己的资料，主动通过专业能力帮助他人，也能很好地树立和传播口碑。

个人品牌的建立和传播是一项长期、重要的工作。如果想做好长期地品牌建设工作，就需要做好以下几件事：

01. 保持统一及稳定的个性化标签

对于品牌而言，始终一致是至关重要的。如果一个人的“标签”一直在不断变化，那么他在塑造品牌形象上，就很难获得真正的成功。而长期稳定的信息会不断深化潜在用户心中的品牌认知度，因此，要保持在各类平台、渠道、活动中的信息一致性，当信息出现变化时，要确保及时、完整地更新所有账号上的内容信息。

02. 利用事件营销，推广个人品牌

可以借助网上工具（如通过 Inoreader 订阅关键词等）建立一套追踪、监测系统，对与自己相关的网络话题保持关注，利用各类新闻事件扩大传播效果。

03. 重视个人品牌，维护网络声誉

“凡有经过，必有痕迹。”互联网可以长久保留一个人在网络上的话语和活动踪迹。因此，要极力避免情绪性言论、卷入争议话题以免影响个人声誉。个人应当保持谨慎和自律，有意识避免破坏个人品牌形象事件的发生。

结论

在现代商业与职业领域中，个人品牌塑造对个人工作和职业的影响越来越大。个人品牌的建立和传播是一项长期而重要的工作。每个人从开始工作那一刻起，就应该致力于塑造自己的个人品牌。有效的个人品牌搭建包括寻找细分市场，累积专业度；建立清晰、独特的个人标签，建立差异性；通过各种渠道扩大传播效果。

// Self Management

PART 2

自我管理

成功的职业人都具备类似的品质：目标明确、意志坚定、有计划性，而且非常自律。但这些品质并非源自天生，是可以后天习得的。很多时候，我们以为自己没有斗志、缺乏意志力、行事拖延，这其实是缺乏必要的“技能”的表现。本书的第二部分，针对年轻职业人常见的缺乏自律、自我管理动力不足、拖延症等问题，一一对症下药：从源头开始，发现内部动力，为个人能力提升扫清障碍，对于习惯的培养，也提供了解决思路和具体的方法，逐渐塑造出有良好自我管理能力的成熟职业人。

第四章 拯救脆弱的大力士

1. 意志力的两面性

我们以为我们不能坚持，
是因为缺乏意志力，缺乏斗志，
其实是缺乏科学方法。

有一组数据表明，98% 想改变坏习惯的人均会遭遇失败，例如，20 个想减肥的人只有一位能成功。不管费用多么昂贵，大约只有 4% 的人能在购买健身卡之后第一个月内坚持健身，不少人一年去健身房的次数甚至不到十次。很多雄心勃勃的学习计划、阅读计划、健身计划从来没有被完整实施过。

为什么有一些看起来很简单的事情，如控制玩手机的时间，每天早睡早起，总是很难做到？为什么下定决心制订的学习和健身计划，无论是咬牙坚持、当众宣告，还是用各种工具来逼自己就范，仍然会失败？有一些理由，我们不用想也可以知道，“这段时间太忙了”、“意志力不够坚定”、“一个人很难在没有监督和鼓励的环境下默默坚持”、“可能是目标设置不太合理吧”、“缺乏动力”，甚至是“我最近生病了”、“我得照顾生病的妈妈”。你不甘心如此就范，于是再次开始一个新计划，但这个计划被执行的时间甚至比上次更短……

尽管人们深知这些计划非常重要，也腾出时间来安排这些内容，但大多数的未来计划几乎都以“闪亮开场—偶尔中断—重新开始—再次放弃—彻底遗忘”的规律重复上演。在人们坚持某项长期任务的过程中，有些人意愿会有起伏；有些人在中途产生懈怠情绪；还有些人会出现身体的困倦、心理上的厌倦；尤其面临着“是娱乐还是坚持完成每天任务”的冲突时，人们的意志力显得尤其脆弱。

人们需要未来，并通过计划连接现在和未来。你告诉自己需要自律、学习、提升来不断地进步。于是你拟订了很多计划，却没有意识到你将陷入一个难以自拔的沼泽。不断制订计划又抛弃计划，越用力，越挣扎；越挣扎，越沦陷。

手机扫描二维码

意志力水平测试（通用版）

Q：意志力究竟是什么？它和我们经常看到的毅力、精力、注意力有什么区别和关联？

我们可以简单地概括为：意志力是指有效克服心理压力、抑制冲动、抵御外界和内在刺激的影响，不受干扰地坚持完成一件困难工作的能力。在大多数情况下，良好的意志力与注意力、精力储备、毅力有相互的交集。

>> 测试 >>>>>>.. >>>>>> .意志力水平测试 >>>>>>>

这个测试可以帮助人们了解自己的通用意志力水平，涉及日常工作、生活作息、人际关系、决策习惯等方面。请根据自己符合的程度进行判断选择。

良好的意志力有以下三种典型表现。

01. 控制思维。在思考时，能够长时间保持专注。

02. 控制行为。能够把能量集中用于当前任务，既能保持效率，又能保证质量，不受外界干扰，在想放弃的时候能够坚持下去。

03. 控制情绪或冲动。情绪通常很难控制，人们或许可以改变想法或行为，但是无法强迫自己高兴。但拥有良好的意志力，会避免情绪失控等严重问题发生。

Q：接着，我们自然而然会问：良好的意志力究竟是天生的还是后天培养的？

科学家通过对脑神经的研究发现，每个人都拥有天生的意志力。它源于靠近人脑前端的一个区域，被称作前额叶皮层，大小与一个垒球差不多，是大脑的高级认知中枢，负责注意力调节、抑制一系列情绪和行为（例如冲动和计划不周），同时也具备高级思维、逻辑推理、行为计划和组织、工作记忆等关键功能。如果这部分功能受损，将表现为注意力不集中、容易受干扰、不能很好地控制其自身行为。并且，前额叶皮层是人类整个大脑中进化最完全的区域，但也是最晚发育成熟的部分（到 25 岁左右才真正成熟），这也能够说明，为什么年长的人通常比年轻人自控能力更强。科学家倾向认为，从生理上来看，大多数人的意志力其实并没有什么显著差别。

既然如此，那为什么不同的人的意志力表现会有非常大的差异呢？我们先从斯坦福大学著名的“棉花糖实验”说起。

>> 案例 >>>. 被误读的“棉花糖实验” >>>>>

40 多年前，心理学家华特·米歇尔（Walter Mischel）主持了一项非常著名的“棉花糖实验”。根据米歇尔发表于 1972 年的论文描述，在实验开始之前，研究者向儿童展示了两组奖励，分别是一颗棉花糖和两颗棉花糖。如果儿童能等研究者回来，就将得到两颗棉花糖；如果他们等不了，可以随时摇铃召唤研究者结束等待，并得到一颗棉花糖。说完规则之后，研究者就离开房间，任凭孩子在房间里自由选择。实验结果显示，只有 1/3 的孩子能坚持 15 分钟以上。

在 20 世纪 80 年代的后续研究中，米歇尔和他的同事找到了当年参与实验的 185 人，其中有 94 人愿意提供 SAT 成绩。对此实验追踪 20 年的结果显示，当年在棉花糖实验中能坚持 15 分钟的孩子，基本在所有方面都要优于迫不及待吃掉糖果的孩子——能够等待 15 分钟的孩子比只能等待 30 秒钟的孩子的 SAT 成绩平均高出 210 分，在处理挫折、专注表达和逻辑、计划方面的能力更强，并且他们也拥有更健康的亲密关系，更快乐，等等。于是，研究人员得出一个结论：拥有更强自制力、意志力的孩子通常具有更好的人生表现。

但是，人们通常对这个实验有错误的解读，把抵抗诱惑失败简单归咎于一个原因——缺乏自制力或者意志力。事实上，孩子的年龄大小、家庭经济情况、家庭成员关系、情绪和身体状态等很多因素都会影响实验的结果。

此后多年，许多研究者重建了米歇尔的实验，并修改了实验条件。他们发现：如果在实验前先教孩子们一些技巧，孩子就能等待更长时间。比如引导孩子把棉花糖想象成白云或者棉花球，通过绘画来分散注意力，或者在想象中为棉花糖加上一个边框，使它更像一张照片而非充满诱惑的糖果。他们甚至教孩子一些简单的转移注意力方法，比如踢桌子、唱歌或干脆转过身去。结果，能抗拒诱惑的孩子增加了 50%！

你以为自己不能坚持是因为缺乏意志力（willpower）和斗志，实际上是因为缺乏技巧（skill）。

新版本的“棉花糖实验”要测试的并非意志力或自控能力，而是比这更重要的东西——是否能够迫使孩子们（包括成人）找到一种方法，让理性超越感性，让局面更有利于自己。新版“棉花糖实验”中，教孩子使用各种工具和技巧，就能使抗拒诱惑的孩子增加 50%。对于成人来说，面对各种难以坚持的任务，如果采用一些技巧，如时间切割法、最小化任务等，也可以大大提高工作效率。人们之所以在意志力方面表现迥异，并不是因为他们大脑中的“前额叶皮层”有明显的差异，而是因为他们技巧性地采用了更有效的方法，使理性战胜了感性。

根据心理学的研究，人类大脑中运行着两个相互独立的系统。其一是感性系统，它能感知各种情绪和压力，是人类原始本能的一部分；另一个是理性系统，它具备逻辑思维、抽象思维和空间想象能力，严谨且具备反思性，帮助人们用来分析和展望未来。

数千年来，人类理性与感性的世纪战争从未停止过。

弗吉尼亚大学的心理学家乔纳森·海特在其著名的《象与骑象人》（*The Happiness Hypothesis*）一书中对此有非常精彩的阐述：我们身上情绪化的一面，就像一只身材巨大的大象，而理性化的一面，则是这只大象的骑象人。骑象人坐在大象的背上，享有支配权，看上去是大象的主宰，但事实上，这位骑象人的控制权却是非常不稳固的。任何时候，如果这只大象觉得不舒服，或者突然不愿意听从指令，这位骑象人就会彻底失掉主动权，被带到一个他不想去的地方，甚至被直接抛在地上。

要想在原始森林中完成一些工作，骑象人和大象必须互相配合。骑象人代表着理性思维，负责确定计划和方向；大象则代表感性思维，负责主要动力——这是最理想的状态。但大多数时候，骑象人和大象都无法做到完美，他们都有各自的问题。比如骑象人太聪明，规划过于细致，或者患上选择障碍症，导致决策效率低下，而大象很少可以看到比较远的未来，对痛苦和压力比较敏感（如健身和学习引起的身体和心理不适），对诱惑难以控制（如放弃计划，去大吃一顿或者去看一部最新的电影大片）。

如果你和普通人一样，在任何一场理性和非理性的战争中，最初开始占领主导权的，总是理性的骑象人。骑象人可以不费力气地驱使他的大象前进、后退、涉水、卷运木材；但是很快，感性的大象由于并不在意骑象人的木材生意可以赚多少钱（理性的利益），而更在意“我已经累了”、“我需要饮水”、“我需要被奖励一串新鲜香蕉”等更直接的生理需求，因此“大象”会懈怠，会放慢工作速度、咆哮、扭动身体；如果骑象人并不理会，大象很快就会罢工。

我们身体里的“大象”虽然能量巨大，但从本质上来说，也是一个需要呵护和照顾的“脆弱动物”。它特别敏感，不能承受太大压力。在一段长途之旅中，“骑象人”尤其要注意储备足够的食物，让“大象”心情愉快、精力充沛。因为，我们很清楚地知道：无论骑象人怎样聪明绝顶，他达成目标还得依靠那头大象发挥出来的庞大动力。

在一个长期且困难的计划中，除了需要理性规划，还要特别注意自己内心的非理性的情感需求。如果你能够保持心情愉快，动力充沛，并娴熟使用各种技巧，就更容易在这场意志力之战中获胜。

延伸阅读

《象与骑象人》的作者乔纳森·海特是一位著名的积极心理学家。这本书非常生动地阐述了情感与理性的关系，理性与情感必须携手合作，人才会表现出聪慧的行为。本书还有大量在逆境中如何成长、关于人性的真实、关于改变和行为控制系统的精彩论述。

结论

意志力是用来控制冲动、抵御内在天性的能力，不仅受先天的生理因素影响，还可以从后天习得。意志力的本质实际是人类的原始本能和理性之间的冲突。当我们从事一些困难的长期计划时，需要让感性负责动力，让理性负责规划，感性和理性充分协调组织，才能获得我们最终想要的结果。

2 意志力与身体能量

意志力的有效运行和两项生理因素有关，即体内葡萄糖成分高低与身体的疲劳程度，二者都和能量有关。

我们身处的世界，诱惑无处不在。从网络信息到工作习惯，人类的意志力时刻都在接受严峻的考验。研究发现，意志力表现和身体能量密切相关，保持良好的身体能量状态，人们就更容易自律和抵抗外界诱惑，从而更有效地学习、工作和生活。

>> 案例 >>>. 不知不觉中被消耗的意志力 >>>

佛罗里达州立大学心理学教授罗伊·F.鲍迈斯特（Roy F.Baumeister）领导了一个著名实验：一群大学生被试（不明就里的受测人员）被告知要参加一项“食物感知能力”的研究（当然是假的，这项实验的真实目的是了解在不同背景下他们的意志力变化情况）。在研究开始之前，这些学生被要求禁食3小时，然后被带入一个香气扑鼻的房间——在桌上放着刚刚烘培好、冒着香气的美味的巧克力曲奇和一些巧克力。当然，他们还看到了桌上的一只碗，碗中仅装了一堆胡萝卜块。

研究人员开始宣读要求："我们在今天安排大家试吃不同的食品，请尽量记忆这些食品的味道，明天我们会询问你们在吃这些食品时味觉的记忆。"然后，一半的被试被要求吃掉2～3块曲奇和一些糖果，另外的被试被要求至少要吃掉2～3块胡萝卜，但不允许吃曲奇。"记住，"研究人员说道，"只许吃分配给你们的食物。"然后便离开了实验室。

5分钟之后，研究人员返回房间。"我们必须再等待15分钟，让你们对食物的感觉记忆淡化。"研究人员对被试说道。

另外一组研究人员很快进了屋子，他们介绍说，这是另外一个课题小组，需要了解不同学历被试的解题能力：一笔画出一个几何图形，同样的路径不能画两次。实际上，这个谜题是无解的（但研究人员暗示大家题目不难，想退出的人可摇铃示意）。研究人员在双向镜后静静地观察着。正如之前的推断，被安排吃胡萝卜的学生要强迫自己吞咽这种蔬菜、忽视甜品的诱惑，已经充分动用了他们的意志力；而被安排吃饼干的学生基本上不需要自律。那些之前被安排吃饼干、不需要动用自律性的学生开始研究谜题。在摇动手铃之前，吃饼干的学生平均花了约19分钟解决谜题。而那些因为吃胡萝卜而消耗了意志力的学生的表现则大相径庭。他们一边解题，一边嘴里嘟嘟囔囔。最终吃胡萝卜的学生平均坚持了约8分钟就退出了，在介绍他们的感受时，一位吃胡萝卜的人说他"已经受不了这么弱智的试验了"。

这样的实验重复进行了200多次，结论都是相同的。那些吃胡萝卜的被试，在香味扑鼻的曲奇饼面前，虽然没有偷吃，但由于需要控制内心的冲动，消耗了一部分意志力。因此，在随后的另外一个任务中，他们便无法坚持更久的时间。

人的心理强烈地依赖于人的身体。在这个试验中，研究人员还发现，食物尤其是甜食（有效作用成分是葡萄糖）能有效提高意志力能量储备。因此，当你需要振奋意志时，可以想办法摄入一些富含蛋白质和碳水化合物的食物。

另外，意志力还与身体疲劳程度、情绪与感受有关。戒毒者创造了停步（HALT）这个词，这是饥饿（Hungry）、气愤（Angry）、孤独（Lonely）、疲惫（Tired）四个单词首字母的缩写。当他们有如上四种感觉的时候，意志力会降到最低水平，并会告诫自己时刻小心这些陷阱，如果这时候发生任何一点小问题，都足以让唯一的一点意志力崩溃。

如果你持续一天处理一些困难的工作，或被迫做出一些决策，你的意志力会被逐渐消耗。这可以解释为什么早上的运动计划比晚上的更容易执行，节食会在晚上而不是在早上被打破。

没有人能够像机器人一样，整天保持恒定的精力状态。

>> 理论 >>>>>.. >>>>> . 黄金时间理论 >>>>>>>

根据黄金时间理论，上午 7 ～ 11 点通常被称作内部黄金时间或者 A 类时间。这段时间，人的精神比较振奋，思维积极、反应敏锐，适合独立工作或进行深入的思考分析。大量优秀的领导人都是典型的“晨型人”，他们通常在早上 5 ～ 6 点起床，开始计划一天的工作，并在中午之前就结束当天的大部分工作。而下午 2 点之后是外部黄金时间，也称作 B 类时间，在这段时间里进行人际交流类的工作更为恰当，如销售谈判、开会沟通等活动。

>> 测试 >>>>>.. >>>>> . 真实睡眠需求测试 >>>>>>

可以通过一个简单的睡眠测试，了解自己的真实睡眠需求。具体方法是：在一个不需要严格起床时间的悠长假期中，不使用闹钟，连续三天睡到自然醒，并记录下晚上睡觉的时间和早上起床的时间。之后，你基本上可以弥补掉之前的睡眠缺失。接着取第四天到第七天的平均睡眠时间，这个时间已经非常接近你实际需要的睡眠时间。一旦确定了自然的睡眠时间需求，就可以提前规划好你的作息时间，就如同你做其他计划一样。

每个人总是在一天的某些时段，感觉心情更愉快、精力更充沛、处理事情更敏锐高效一些，而在另外一些时间则表现略差。当你处在意志力低谷，无法控制自己的行为时，你要知道这是身体的自然反应，不用一味焦虑自责，在意志力能量储备较低的时候，知道如何去补充意志力，为自己重新充电。

可以肯定的是，有些人是天生的夜猫子，或在一天中的晚些时候才会拥有他们的最佳能量。所以，必须要按照自身的情况来处理。如果我们希望拥有更强的工作效率，就需要了解自己个人精力、意志力的变化规律，并制订适合自己的作息表。

意志力训练就像肌肉锻炼一样，需要科学的训练方法和恢复手段。训练过度之后，人们会感到肌肉疲惫酸痛，剩余的力量就不足以供给其他活动。每天的日常活动也会时时刻刻消耗人们的意志力能量，而像思考、决策、抑制情感等更困难的活动，则会消耗得更多。如果意志力储备入不敷出，人们就会感觉筋疲力尽、情绪沮丧，严重时甚至会行为失控。

这恰恰说明，意志力波动是非常自然的生理现象。人们不应为了感觉良好，而勉强自己在能量不足的时候坚持做某件事。这并不会让自己超越生理极限，只会让自己在生理和心理的双重打击下倒下。人们应该遵循自己的生理能量规律，通过合理休息和补充能量，为自己及时充电，训练自己更好地应对工作和生活中的各种挑战。

结论

人的心理强烈地依赖于人的身体。意志力除了与情绪、感受等心理因素有关，还与体内葡萄糖成分高低和身体疲劳程度等生理因素有关。这说明意志力不是一种技能，也不是一种美德，它只是一种自然的生理反应，有自己的波动曲线，会被消耗，也可以补充。摄入葡萄糖、保持充足睡眠、做让自己能够愉快振奋起来的事情，甚至收到一份小礼物，都可以迅速恢复你的意志力。

3 外部动机和内部动机

人类最好的时刻，通常是在追求某一目标的时候，将实力发挥得淋漓尽致的时候。

——米哈里·齐克森

在一项 100 万人参与的研究中，大部分人表示，自我控制和意志力是他们最大的弱项。那么，我们可不可以像训练我们的身体一样，训练和重建我们的意志力呢？

著名心理学家威廉·詹姆斯指出，要使一个人真正努力确实很困难，因为人们经过短暂的努力之后，通常会感到很疲倦，即疲乏的第一层，当在遭遇疼痛诱惑点的时候，往往会半途而废，所有的决心会土崩瓦解。这个时候我们最需要强大的意志力。但是我们也发现一个事实：面对同样困难的任务，有人坚持不了多久，而另外一些人则显得坚定得多。

Q：我们对那些意志力很强的人很好奇：是什么因素使他们如何做到我们不能做的？为什么他们能克服生理和心理的障碍？

A：答案是：内部动机和外部动机的相互作用。

>> 案例 >>>. 讨厌搭乐高的乐高迷 >>>>>>

《怪诞行为学 2》一书中提到一个心理学实验。实验人员寻找了一批乐高迷来完成一些工作，工作内容对这些乐高迷来说简直太棒了——安装乐高小机器人，而且可以按件计酬。乐高小机器人由 40 个零件组成，安装第一个得 2 美元，此后每完成一个递减 0.11 美元，如果你愿意，你可以一直干下去，直到你认为不合算为止。实验人员将这些乐高迷分成两组，把他们命名为“有意义组”和“无意义组”（乐高迷并不知道）。这两组人需要完成的工作完全一样。区别仅在于其中一组人装完的玩具，会被收集在一个大箱子里，稍后这些玩具会在他们不知情时被偷偷拆掉；而另一组人辛苦组装完成的玩具将被当场拆掉，并投入箱子内被再次使用。结果很快出来了：前一组完成的玩具比后一组更多，而且参与者感觉更好。而后一组则很快结束了工作，并且反馈说“喜欢乐高玩具，但讨厌这个实验”。

是否能坚持某种行为，首先取决于你对这件任务本身的兴趣和热情（内部动机），其次是你是否觉得这件事有意义（外部动机）。如果一个人对某件事同时具备内部动机和外部动机，那他会比其他人更全力以赴地投入，能在压力环境下坚持更久，这也是人们获得职业成功的秘诀之一。

如果你打算提高你的意志力水平，请先努力寻找做事的内部动机和外部动机。

内部动机是指每个人都有一种原始动力，无须外在奖惩的控制，就有自己自发自主的行为动力。了解内部动机的提问方法：

- 我内心真正想要做什么?
- 为什么我想要这样做?
- 现在距离我理想的状态还差多远?
- 需要什么样的能力和资源，才能弥补这些差距?
- 这些差距需要通过什么行为来弥补?

外部动机是指人们在活动中获得的评价、奖励等外部影响。了解外部动机的提问方法：

- 这件事会给我带来什么长久好处?
- 要行动多久，我才能体会到这件事情的好处?
- 我会用什么方式来体验这个好处?
- 其他人会赞许这样的行为吗?
- 他们会获得什么样的利益?

延伸阅读

《怪诞行为学 1》和《怪诞行为学 2》是著名经济行为学家丹·艾瑞里的两本轻松幽默的心理学入门著作。书中从经济学角度剖析了不可理喻的行为背后的科学依据，并分析选择与对比、成本与价格、拖沓、贪婪、性兴奋、期望等人性或行为在经济行为中的表现，读来轻松又不乏深思。

在案例中，我们还发现，即便因为喜欢而做某件事（内部动机），人们也很容易被外在的奖励和评价（外部动机）所操控。如果你希望提高自己的意志力水平，切忌过分依赖外部动机，而要努力挖掘自己的内部动机。

不少人在培养新习惯的过程中，会过度依赖外部力量：如结伴打卡（拉着同伴一起健身）、公开承诺（在众人面前宣告自己的新习惯、计划或目标），甚至请他人监督或自我监督（让别人提醒自己或设置手机提醒）。这些行为在短期内会奏效，但从长期来看，很难起到理想的效果。原因就在于，任何群体打卡和所有监督都是通过一种外部力量进行管控，只是在表面上保持了“应该的行为”。过度依靠外力的结果是，人们会逐渐丧失在行动中建立内驱力的可能性。也就是说，需要依靠外界推动才能行动的人，一旦失去外界的推动力量，就无法真正行动起来了。例如，需要有人陪伴才能去健身的人，如果朋友临时有事，就没有动力自己去健身；而希望通过群组打卡的方式来培养阅读习惯的人，发现不打卡也能生活得不错，就再也不提什么阅读习惯了。

案例中的另一个思考是：人们需要可见的成果来激励自己。当人们能够明确看到行为的良好成果，会倾向继续行为。反之，当人们看不到结果，甚至看到消极的结果（亲眼看到搭好的乐高被拆除），则会大大消减继续行动的信心。在工作和学习中，人们应该采用某些方法，记录和强调自己的阶段性成果，用以增强继续行动的信心。

结论

是否能坚持某种行为，首先取决于你对这件任务本身的兴趣和热情（内部动机），其次是你是否觉得这件事有意义（外部动机）。而来自外部的力量只是在表面上维持了“应该的行为”，过度依赖外力的监管和激励，会导致原有的内部动机丧失。如果你打算提升意志力水平，请努力寻找做事的内部动机和外部动机，尤其是内部动机。

第五章 让习惯自动运行

1. 习惯的真相

人们90%的日常活动源自习惯。呼吸、洗漱、走路开车、聊天、吃饭睡觉，当我们在进行这些活动的时候，采取的是不假思索的行动，不需要耗费太多精力，只是沿着既定的轨道运行。当我们把车钥匙拿出来的那一瞬间，大脑中的基底核就开始工作，找出我们存储在大脑中的习惯程序，非常自然地就开车上路了。一旦习惯开始发挥作用，大脑的灰质就会平静下来，去进行其他的思考活动。这就是我们有时候做事习惯成自然的原因。如果我们能够把那些有意义的行为，纳入到我们的习惯区间，变成一种可以自动运行的模式，这将是多么美好的事啊。

Q：如何培养习惯？

先来打个比方，习惯就是流淌的水为自己冲出的一条水道，水道会变得越来越宽，越来越深，当水停止流动一段时间后，再继续时，仍会自动进入以前流经的路线。我们做任何事情，神经流都会像流淌的水一样，在我们的神经系统河道中，留下或深或浅的痕迹。当我们反复做同一件事时，这条痕迹便越来越深，到达一定程度后，当相同条件再次被触发时，神经流将会自然而然地顺着以前的痕迹来引导神经系统做出同样的行动——这就是习惯；甚至，当它们被截断一段时间后，这些重要的现象会在相似的外部条件刺激下再次重现——这就是习惯的力量。

美国心理学之父威廉·詹姆斯（William James）在1890年出版的巨作《心理学原理》一书中提到，行为必须不间断地重复才能变成习惯，并说“半途而废每被推迟一天，就增大了永远不会发生的机会”。而最近，伦敦大学的健康心理学家费莉帕·勒理（Phillippa Lally）的研究发现，无论是在习惯形成的早期还是晚期，间断的时间必须是短暂的。英国谢菲尔德大学的心理学家克里斯托弗·阿米蒂奇（Christopher Armitage）的研究也发现，如果让参与者停上一个星期，自动化的效果就会大打折扣。2006年，两位澳大利亚研究人员梅根·欧顿和肯·成设计了一系列的心理试验，研究人们习惯养成和意志力培养的规律。他们的研究也证实了这一点。因此，我们没必要因为偶尔中断一次就泄气甚至放弃，只要我们能够记得尽快“对河道进行再次冲击”。

Q：每一种习惯都有可塑性，可以被增加、戒除和修改。那么，养成一个新习惯需要多久时间呢？

你一定听过“形成或改变一个习惯只需要坚持21天”的说法。可惜的是，这只是一个流传很广的误会而已。这个误会可能来自《心理控制术：改变自我意象，改变你的人生》这本书，书的作者是美国整容医生麦斯威尔·莫尔茨（Maxwell Maltz）。书中提到，患者接受了整形手术后，平均需要21天来习惯自己的新外貌；而截肢病人往往需要21天才能逐渐消退幻肢体验（幻肢体验是指虽然肢体已经不存在，但病人还可以感受到肢体存在，并发强烈的真实疼痛）；而人们搬进新家之后，要经过大概21天左右的时间，才会对新住处产生家的感觉。这些例子都表明，旧的心理意象至少要21天才会逐渐消失，而新的心理意象会代替旧的，在人的头脑中逐渐固定。

需要注意的是，莫尔茨医生所说的心理意象，其实指的是人们对外部环境或物体形成的适应性感受。但很明显，习惯某个外物与个体形成行为习惯完全不同，前者要容易得多。也许这两个概念在传播的过程中发生了混淆，才有了今天的“习惯需要坚持21天才能养成”这个不严谨的说法。

美国心理学家、新行为主义学习理论创始人斯金纳把行为分成两类：一类是应答性行为，这是由已知的刺激引起的反应。应答性行为较容易养成习惯（反射），例如学生听到上课铃声后，能迅速安静坐好。另一类是操作性行为，是有机体自身发出的反应，与任何刺激物无关。斯金纳认为，在人类学习情境中，操作性行为更有代表性。绝大多数的人类行为都属于此类，如有意识地书写、阅读、学习、锻炼等，都是操作性行为，要培养成习惯，需要凭借人们自身意识调节而产生的行为，因此相对更困难。

伦敦大学健康心理学家费莉帕·勒理（Phillippa Lally）及同事设计了一个实验，研究不同行为形成习惯的时间规律。他们一共招募了96名参与者，让他们每天重复一项与健康相关的活动，一共持续84天。参与者可以选择三种不同的活动，分别是晚餐前做50个仰卧起坐、早餐后散步 10 分钟、饭前散步 15 分钟。由于活动是参与者自主选择的，所以研究者认为，这些行为对他们而言，有内在激励作用，除此之外，参与者没有任何其他的外在激励。参与者每天都要向实验者报告他们是否完成了前一天的任务，并填写一份测量行为自动化程度的量表。量表按照自动化程度有不同的描述，如“我想都不用想就完成了”（I do it without thinking）和“不去做反而很困难”（I'd find it hard not to do），后者的自动化程度显然比前者更高。

研究发现，坚持到最后的参与者都呈现出相似的模式：早期的坚持行为，对自动化程度迅速升高有较强相关性，而随着行为的不断重复，自动化的增加程度不断递减，直到行为达到稳定，则认为习惯已经形成。参与者平均需要 66 天的时间来形成这些习惯。其中一位参与者只用了 18 天就达到了自动化，而另一些参与者到了第 84 天还没有成功，根据统计推断，后者可能需要在第 254 天才能达到自动化。当然，行为本身的难易程度也会影响习惯形成的时间。研究表明，晚餐后散步 10 分钟比早餐前先做 50 个仰卧起坐更容易形成习惯。

研究发现，将一个行为培养成一种习惯，与行为本身的性质、行为本身的难易程度、需要付出的时间，以及人们对该行为的喜爱和热忱程度有关。

再来看看另一种情况：公开宣布目标是否更容易养成某个习惯？表面上看，为了所谓的面子，人们会努力坚持，而容易获得成功。但心理学家的研究发现，事实恰恰相反：公开宣布目标的人和泄露目标的人相比，前者更容易放弃。

德雷克·西弗斯（Derek Sivers）曾经在TED大会上做过名为“不要公开宣布你的个人目标”的演讲，他用一项行为实验证明了这个观点：将163个人分成4组测试，每个人写下自己的目标，一半人在屋子里宣布目标，另一半人不宣布。随后给这些人45分钟的时间，让他们各自行动。结果没有公开宣布目标的人平均坚持了45分钟以上的时间来完成他们的目标，而另外一半宣布目标的人，仅坚持了平均33分钟就停止了。当问及他们的感受时，不泄露目标的人表示他们还需要做更多的工作来完成目标，因此需要更努力，而公开宣布目标的人表示感觉良好，认为他们已经很接近目标，因此大可以放松一下了。

心理学家告诉我们：我们宣布自己的目标，目的是获得“言行一致性”——我们必须做到我们所承诺的；同时也相信别人会因此而催促我们。而事实是：宣布目标往往会第一时间得到他人的赞美或认同，从而获得心理满足感。而这种心理满足感会与你在完成行动之后产生的满足感相混淆（其实你还没有开始行动就已经满足了），会促使你放松对自己的要求，从而降低计划的执行效果。

让我们再来谈谈奖励和习惯之间的关系。在《习惯的力量》一书中，作者查尔斯·杜希格给出了一个习惯培养模型，并命名为“暗示—习惯—奖赏”模型，声称只有奖励才能真正地完成习惯闭环，也就是说，没有奖励的习惯培养是不完整的。这是真的吗？在习惯养成的过程中，奖励是必需的吗？奖励会一直有效吗？

我们很容易想到，奖励不太可能一直有效。同样的奖励会陷入边际效益递减的麻烦当中。在第二次和第三次给出奖励的时候，奖励的效能与第一次相比，会大打折扣。而如果奖励不再出现呢？这些因奖励而强化培养出来的习惯，也会在一段时间内消退。在著名生理学家和心理学家巴普洛夫的条件反射实验中，如果连续三天出现铃声但不出现食物，或者出现食物但不出现铃声，狗对于唾液、食物、铃声的联合反应就会消退。而在斯金纳的实验中，一只受过多次强化的白鼠在强化停止后，可连续按压杠杆 250 次左右，而仅受过一次强化的白鼠在强化停止后连续按压杠杆的次数仅为 50 次左右，是前者的 1/5。虽然在智力层面，人与动物的差别巨大，但在行为层面，人其实就是一个“裸猿”，和其他动物没什么区别。

《怪诞行为学 2》一书作者提供了一些严谨而有趣的实验，来说明人并非有我们想象中理性。其中一个例子非常有代表性：“为什么巨额奖金带不来高业绩？”

一系列的实验结果表明，在一些需要记忆力、集中精力来完成的简单游戏中，提供的奖金越高，成绩也越好；但在一些需要更多认知能力的复杂游戏中，低奖金组反而获得了更好的成绩。结论是：奖励并不能解决所有问题。工作的性质决定了奖励是否有效果。对于内容简单又没有多大乐趣可言的任务来说，奖励会起到很强的激励作用；但对于复杂任务而言，奖金越大，就越会破坏原本的完成动力和绩效水平。

习惯的真相就是如此。时间、奖励、条件反射甚至通过外界管控，其实并非都是有效的方法。建立新习惯，本质上是与新习惯带来持续的不适感做斗争，如果我们能消除这种不适感，或者将不适感降低到最低，我们就胜利了一大半。

结论

每一种习惯都有可塑性，可以被增加、戒除和修改，但是将一个行为培养成一种习惯，所需的时间要远远大于 21 天。这与行为本身的性质、行为本身的难易程度、需要付出的时间，以及人们对该行为的喜爱和热忱程度有关。另外，向他人宣告目标和奖励自己并不能让习惯更容易养成。

2 建立核心习惯

某些习惯具有引起连锁反应的能力，它们的成功建立，会带动其他习惯的成功建立，就好像多米诺骨牌一样。

19世纪的非洲探险家亨利·斯坦利（Henry Stanley）在日记中曾提到，他和他的船员们忍受着饥饿，在受到疟疾的折磨、被食人族追逐等情况下，依然坚持每天刮胡子。这并不是由于他们受到什么规范的严格约束，而是船长亨利·斯坦利相信，在困难时候仍然保持仪容整洁可以向自己和船员提供一种暗示：规则仍然适用、标准依旧有效，这可以从整体上防止船员行为失控，如互相攻击或暴动。

每个人的习惯也有这种神奇的整体规则性。

某一些习惯具有引起连锁反应的能力，它们的成功建立会带动其他良好习惯的建立，这些习惯被称作核心习惯。就好像多米诺骨牌，一张牌能带来一连串的效应。

究竟哪些习惯能有这样神奇的效果呢？

有一个实验小组做了一组实验，想了解改变错误坐姿、记录饮食习惯和调节情绪，对于行为表现的影响程度。他们将志愿者被试分成三组。第一组（姿势组）：使用两周时间检测并纠正自己的坐姿；第二组（饮食组）：使用两周时间记录自己饮食习惯，包括每一餐的用餐时间、内容和估计卡路里，并将每天摄入的卡路里控制在规定范围之内；第三组（情绪组）：使用两周时间调节自己的心情，始终使自己保持好心情。

测试发现，两周之后，第一组和第二组的表现显著提升，在完成同样任务的时候能坚持得更久，第一组表现尤其优异，能够完成更多的困难任务。而第三组基本没有什么改变。

原因何在呢？

第一组（姿势组）：首先，对身体姿势的纠正非常简单易行，耗时短，很少或基本不会引起不适感，这种微小的动作甚至会产生少量的多巴胺，使人精神振奋。

第二组（饮食组）：对饮食习惯的记录和控制需要花费更多时间，也需要抵抗内心的冲动，会产生一定的不适感。但长期坚持科学的饮食方法，会对人的精力、体能产生帮助，而从身体状态上有明显的改观。

第三组（情绪组）：人的情绪思维最难控制。在不良的情绪状态下，人们很难做到理性的思考和分析。强迫自己冷静下来，也会耗费大量的意志力，从而影响其他方面的表现。

因此，从上述实验中，我们可以看出，保持良好的坐姿其实就是一个最基本的核心习惯。一旦养成了正确的行为姿势，人们在工作和学习的时候，就会更认真对待自己的任务，对完成的效果要求更高，对困难任务的耐受力也会进一步增强。

对于很多人来说，运动是引发广泛变化的核心习惯。曾有研究人员调查运动对日常行为的影响，当人们开始养成运动的习惯，即使只有一周一次的微量运动，也会不知不觉地改变其他的行为模式。通常来说，长期运动的人有更好的饮食习惯、工作更有效率、更少抽烟、更少喝咖啡、对同事和家人更有耐心、情绪更稳定，甚至更少使用信用卡透支。美国罗德岛大学的研究人员詹姆士·普罗查斯卡说："运动的确有很大影响，它包含某些让其他好习惯更容易形成的因素。"

建立自己的核心习惯非常简单，可以是站立式办公、不搭电梯改走楼梯、每天步行一公里出去吃午饭、增加每天的办公室运动时间，也可以是控制刷卡、将每天三杯咖啡减少为一杯咖啡，甚至可以是每天 5 分钟的个人冥想，或是每天下班前的工作日记整理。经过一段时间，你会发现，这些习惯会神奇地带动其他良好的行为习惯，从整体上改善我们的工作和生活。

一开始，让事情形成惯例的确非常困难，你需要不断提醒自己并努力坚持。而一旦养成了核心习惯，这些习惯会自动延伸到各个方面，渗透到工作、生活、学习中去，从而帮助人们朝好的方面积极转化。

结论

某些习惯具有引起连锁反应的作用，一旦成功建立便会带动其他良好习惯建立，这就是核心习惯。一个好习惯能渗透到人们的工作、生活、学习中去，从而使个人朝好的方面转化。对于很多人来说，运动就是引发广泛变化的核心习惯，不妨从最简单的 5 分钟户外散步开始，逐步将更多行为纳入到自动行为系统中。

3 让习惯自动运行的三个步骤

寻找适应性。如果我们能适应这个行为，我们就不会逃避。

美国智慧和财富的化身富兰克林所著的《富兰克林自传》是迄今为止美国最重要、读者最多的自传作品之一。这本书中提到了一种至今未被超越的改变习惯的方式。

富兰克林首先检讨自己，发现自己有13个严重的缺点，其中浪费时间、为小事烦恼、和别人争论这三项最为突出，他决定改变：“坏的习惯必须被打破，好的美德必须被培养。”但没多久，他就注意到，他无法同时改正这么多缺点。当他谨慎防范一个缺点的时候，另外一个错误又出现了。思考之后，他决定采取“分而化之，逐个击破”的策略。他不再要求自己一下子改掉所有缺点，而是制作了一个美德检查表，检查表呈7列13行，用一周时间着力培养一种美德，每天结束的时候，计算自己当天犯了多少次老毛病，并用黑点记载当天的不足。他用了13周的时间加强调整，并进行了四轮这样的循环。

现代心理学家在这个长达三百年历史的改变习惯步骤

中发现了三个关键步骤：

01. 一次只着力培养一种新习惯（培养注意力）；

02. 不断提醒自己，并记录犯错次数和正确执行新习惯的情况（建立动态反馈机制）；

03. 改变方法，直到完全适应，计划形成自动化为止（调整适应性，强化行为）。

也许有人会觉得自己可以做到一心多用，同时培养多个习惯。但我们的注意力有限，当你希望改变某个坏习惯或培养一个新的好习惯时，最好的方法就是集中精力戒除或培养一个习惯。如果你希望在生活中同时发生多个改变，其结果很可能是一个改变也不会发生。

第一步：培养注意力

培养注意力是养成新习惯的第一步。

将一个新任务纳入到计划中，并将它培养成习惯，首先要改变你的时间安排，主要目的是减少现有的无意义的活动，为新习惯腾出时间来。很多人忽视了“先做减法，再做加法”的重要性。想象一下，当你双手都抓满了东西，怎么还有可能去抓取其他东西？

重新调整时间和任务后，让你的新习惯拥有一个新的、固定的、显著的时间位置。这意味着你将在固定时间为执行这个新的行为保持优先级。

>> 案例 >>>. 如何让承诺兑现? >>>>>>

德国康斯坦茨大学的著名社会心理学家彼得·戈尔维策介绍过一个实验。在寒假开始前，实验者在康斯坦茨大学的校园里拦住正去参加期末考试的学生，并邀请他们参与一项关于现代人度假的调查。同意参与者被要求写一篇关于如何度过圣诞节的短文，这篇文章必须在圣诞节过后的48小时内完成并寄出，其中一半的学生还得到了额外的指示，要当场决定何时何地进行写作，之后他们便奔赴考场了。圣诞节过后，文章纷纷寄到了。戈尔维策发现，在没有时间地点安排的学生中，有32%上交了文章，而有时间地点安排的学生有71%的人上交了。

为什么一个最简单的干预行为（确定时间和地点），能够获得双倍的目标完成率？答案就在于简单。当你决定了行动的时间和地点，你的大脑自动将“时间和地点”转化成一个生动的“情境”，与既定的行为搭起了一座桥梁。如果无法让大脑知道自己要做什么，大脑就会自动忽略某些困难的新习惯（会消耗能量和意志力），而去做那些令我们更轻松、愉快的事情。而这个简单的“时间地点策略”能帮助人们提高对行为的关注程度，简化了行动的步骤，其结果就是大大提高人们对计划的执行力度。

每个人都可以尝试以下的方式：比如将“每天学习1小时英文”换成“早上8–9点、下午6:00–6:30在地铁上听事先下载的英文故事”，或者将“每周给父母打一次电话”换成“每周五晚饭后，如果我在家，就给父母打电话”。你会惊讶地发现，后者执行起来容易很多。

怎样才算是对新习惯保持了恰当的注意力？

大多数人都会想到视觉注意力。这是为什么传统的成功学常常鼓励人们将目标和计划放在到处可见的地方，如书桌、镜子、书房、电脑桌面、卧室、厨房甚至盥洗室的所有角落。为了加强人们的感性大脑认知，还要求人们更加直观地画出彩色图片，或者直接从杂志上剪下彩色照片，作为梦想板。

2006 年，《不抱怨的世界》的作者、美国牧师威尔·鲍温所倡导的紫手环运动曾风靡世界，也是运用了强化注意力的方法。人们戴上一个非常醒目的紫色橡胶手环，上面刻着各种警语“力量”、“宁静”、“快乐”、“不抱怨”等。只要一察觉自己正在抱怨批评，就将手环换到另一只手上。随着注意力的逐步增加，手环戴在一只手上的时间越来越久，以持续戴在同一只手上 21 天作为一个胜利的标志。当然，我们已经知道 21 天不足以培养一个新的习惯，但不可否认的是：鲜艳的、亮丽的紫色手环的确给了那些人足够的注意力和提醒。

人的潜意识层面能帮助我们更多。除了视觉的注意力，我们也拥有听觉、嗅觉、感觉及其他综合的注意力。例如，将一些固定的音乐、地点或行为固化成一种仪式，能使你在第一时间进入到设定的场景中去。每天早上，在你写当日工作计划的时候，播放一首你最喜欢的歌。在收听音乐的过程中，我们的大脑会急于寻求一种熟悉感，这种熟悉感可以帮助我们排除所有干扰，你会自觉安静地坐下，随着音乐迅速地写下当天的工作安排。一首歌的 3 ～ 5 分钟的时长足够你写上一些内容了。

第二步：建立动态反馈机制

坚持记录和反馈是习惯养成的关键一步。

下表是一张习惯记录表，制表人的计划包含四大习惯：

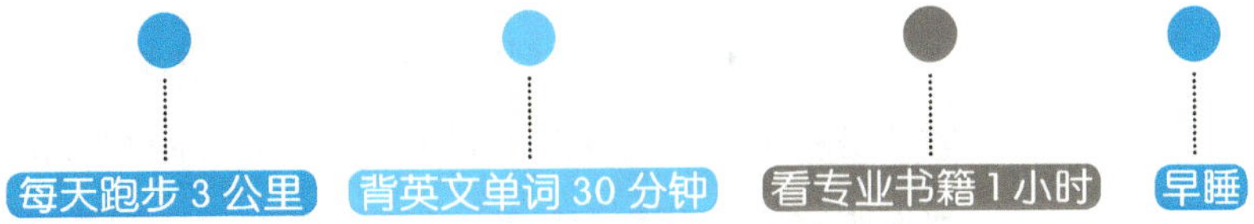

如果在相应的日期每做到一项就打钩，你觉得这样的表格能帮你培养这四大习惯吗？

日期	每天跑步 3 公里	每天背单词 30 分钟	每天看专业书籍 1 小时	晚上 11 点前休息

98% 的人回答是：不能。

在这张表中，只有对行为是否执行的简单记录，而缺少对行为的具体反馈。这将导致动力机制最终停止运转。因为，大脑在处理有关目标的信息时，只有简单的原则——减少差异。当你的大脑检测到目标与现实的差异，就会先做些什么来弥合这个差异，但如果缺乏反馈，大脑便检测不出差异，就不会做出任何反应。也就是说，“做了”和“没做”看上去没什么区别时，人的惰性就会再次占据上风。

我们的大脑习惯于关注变化，而对静止的对象“不屑一顾”。这是由于我们的原始大脑对于外在威胁的敏感导致的，这种原理类似于青蛙的视觉。蛙眼能分析所看到的物体图像，挑选出有用的图像特征去“报告”大脑。因此，青蛙能够敏捷地发现运动中的目标，迅速判断目标的位置、运动方向和速度。

动态变化能给予我们的大脑更多注意力。我们也需要选择一些容易被看到的内容，让我们头脑中的“蛙眼”可以注意到，并且及时向大脑报告。

如果你根本看不清自己的进展情况，就很难实现目标。如果你要坚持做一件事情，最好的办法是让计划在你面前呈现“动态的变化”。

举个例子，如果你要练习跑步并快速进步，更有效的方法是制作一张 30 天跑步进度表，并且预估你在 30 天里可以跑完多少公里。假设你的目标是 30 天内跑完 200 公里。你需要每天记录当天的跑步数据，如日期、跑步时间、平均步速等，最重要的是记录下所累积的公里数，并以百分比来强调完成情况。通过这样的方式，原来单一的记录转变为一种动态反馈，你便完成了一个直观的进度条。

每次我们从网络下载文件时，如果有一个不断变化的进度条，我们多少会对进程有些把握，会更有耐心等待下载完成，反之会觉得茫然或焦虑。

因此，如果能使用进度条刷新你的每一次行动，那么习惯养成的过程将不再枯燥，而成为每天都有变化、令人期待的行为，甚至会激励你更快进步。这种反馈越具体、越及时，就越能促使我们意识到“发生过的行为”带来的积极改变，并更能推动我们行动。

2008 年，《失控》的作者、美国连线杂志创始主编凯文·凯利和朋友加里·沃尔夫创办了一个组织。这个小组拥有一个非常长的名字，叫作“通过自我追踪进行自我认知的工具开发者和用户兴趣小组”。小组集中了一大批对“自我测量跟踪”或“自我反馈”着迷的人，他们每天测量并分析工作和生活中的各项数据，如运动、饮食、睡眠、经济支出等各种行为。他们认为，收集并分析每天的自身数据能够挑战自己，也能改善生活质量，从而获得更理想的工作效率和生活方式。

随着科技的进步和新的便携设备的风靡，越来越多的人也开始尝试用“自我测量”的方法来了解自己的状况。例如广为流行的运动手环，很多都有监测运动和睡眠等功能，可以说是一种最简单的自我量化和跟踪方式，人们能很容易地了解自身的运动数据，从而通过调整来改善自我行为。

量化自我，与其说是一种健康哲学，不如说是关于自我的哲学。它象征着一种信念：当你对自身了解得越为详细，就能更好地提升它。

将“自我测量”的概念进一步拓展到工作、学习和生活中，你会发现，数据的准确测量非常重要，它既是正确行动的基础，也是自我改进的首要步骤。假设你拥有一张精确的地图，但如果不知道自己身在何处，你基本无法到达目的地；同样地，如果你无法衡量，那么前后左右都不会是正确的方向，你仍然会迷失。

第三步：调整适应性，强化行为

在第五章第一节中引用的“行为形成习惯的时间规律”的实验中，费莉帕·勒理对参与者的行为并没有给予任何外在激励，但仍有不少人在一段时间之后成功培养了习惯，如“我想都不用想就完成了（I do it without thinking），甚至达到“不去做反而很困难”（I'd find it hard not to do）的最高自动化程度。其成功的关键在于：参与者在三个可选项目中，选择了对他们来说最合适的项目，这个项目虽然没有奖励，不会带来物质层面的益处，但对他们来说却是接受度最高的选择之一。

持续行为对习惯的培养非常重要，而适应性又是确保行为持续的关键。因此，要建立一个新的习惯，关键在于找到一种自己可接受的方式来进行，而非一味地给予奖励。

每次放弃计划的时候，你可能并没有意识到，可能是你对自己计划的不适应导致了计划的不顺利。当我们不喜欢或不能适应某个行为，会产生不适感，甚至会有被伤害的感觉，如同被火炉灼伤一样，我们希望立刻停止并远离，同时心存恐惧或厌恶，并发誓再也不碰那个东西。但如果我们能适应这个行为，我们就不会逃避。

在培养习惯的过程中，关键是选择最适合你的方法。假设你打算开始学习一门语言，你会制订自学计划，并准备好教材和学习工具。你觉得自己最大的软肋在词汇量，但你对背单词毫无兴趣，你根据别人的建议下载了一个口碑很好的背单词软件。不出意外，在一个月之后，你停止了背单词。以下是你现在可以去做的事。

评估内容：每天晚上 9:00—10:00，学习内容为半小时 VOA 听写 + 半小时雅思词汇。

评估情况：连续两天没有按照计划执行。公司加班，晚上还要写方案或邮件，时间冲突。

策略优化 1：改变学习时间，拆成两个时间段，分别是早上 6:00—6:30，晚上 22:00—22:30。

策略优化 2：改变学习方式，下载 App，上下班路上加强听力。

策略优化 3：改变学习内容，选择更适合自己的学习材料，以加强学习的信心。

习惯是最终的目标，而行为是你所选择的不同道路。在这些道路中，“我做的时候感觉不错”比“做完之后有奖励”更能调动积极性。

NLP 理论（神经语言程序学，即 Neuro-Linguistic Programming 的英文缩写，主要研究人类行为和沟通程序，广泛运用于心理治疗层面）中有一个观点：每个问题至少有三种以上的解决方案，最具备灵活性的部分就是这个解决方案最有价值的部分。目标可以不变，但方法是灵活的、可随时调整的。这对我们是一个启发，我们可以问自己以下问题。

Q1：在培养习惯的过程中，是否只有唯一的方法？

Q2：如果不是，我能找出多少不同的方法，可以走到同一个终点？

Q3：选择一个我喜欢的方法和一个相对舒适的工具，是不是更容易让我坚持下去？

Q4：我的目标是什么？我喜欢的方法是什么？令我舒适的工具是什么？

假设你打算开始锻炼，制订健身计划，但你已经数年没有锻炼过，连 1000 米都跑不了。那么，你打算用什么方式让自己适应这个健身计划？以下是你可选择的方法。

- 花 4000 元买一张健身卡，天天去健身房。（损失厌恶）
- 花 10000 元找一个私人教练督促你。（监督外包 + 损失厌恶）
- 对自己说，只要坚持三天，就给自己买一件礼物。（奖励捆绑）
- 使用计步器，开启语言计步功能。（提高注意力）
- 戴着耳机跑，播放你喜欢的音乐或有声小说。（趣味性 & 适应性）
- 带着小狗一起跑，如果你拥有一只小狗。（趣味性 & 适应性）
- 开启运动 App，每天用运动轨迹写一个字或者一个数字。（趣味性）

显然，后三种方法是通过“适应性”来增加你完成计划的概率。当你感觉舒适、愉快甚至有趣的时候，会大大增加你完成计划的可能性。

再举一个学习上的例子。

- 花 600 元在网上学习词汇课程。（损失厌恶）
- 花 5000 元报名参加商务英语培训班。（监督外包 + 损失厌恶）
- 预定一年之后的国外自助游机票。（奖励捆绑）
- 换另一款背单词的 App。（适应性）
- 换另外一套比较感兴趣的教材。（趣味性 & 适应性）
- 每天阅读英文媒体上你最感兴趣的内容，图文并茂为佳。（趣味性 & 适应性）

亚里士多德曾说过：“我们每一个人都是由自己一再重复的行为所铸造的。而优秀是由训练和适应达到的一门技术。”好的行为习惯奠定成就的基石。每一个人都可以通过培养注意力、建立动态反馈机制、调整适应性这三个步骤培养优秀的行为习惯，提升自己的能力，为自己创造更多机会。

结论

锁定单个目标并保持注意力，严格记录执行情况，及时调整行动策略直到适应，形成自动化行为模式，是习惯养成的三大关键要素。重要的不是坚持与否，而是在习惯培育过程中，人们的自我反省和行动策略优化。只要将更多时间和精力专注于培养自己的良好工作和生活习惯，每个人都可以创造理想的未来人生。

第六章 拖延终结者

1. 无害拖延和有害拖延

并非所有的拖延行为都是有害的。在某些情况下，适当的拖延其实是一种任务过滤器。

在解决拖延这个世纪难题之前，我们必须先要了解，并非所有的拖延行为都是有害的。在某些情况下，适当的拖延其实是一种任务过滤器。可能我们自己都没意识到，偷懒是人的生存本能，少做事、少思考能有效减少身体和大脑的能量消耗，更好地保留生存优势。另外一个令人欣慰的原因是，如果任务截止日期很长，在这段时间内，工作环境和任务要求有可能会发生某些变化，提前做完反而会引起工作浪费。

真正要戒除的，是那些会带来负面后果的拖延行为——由于个人意愿不足，虽然知道后果有害，但还是对某个必要任务采取推迟行动的做法。它们会阻碍我们获得良好的表现，会导致巨大的精神紧张和焦虑情绪，不仅降低任务完成质量，还会损害自信，影响他人对自己的评价。

符合以下三个标准的拖延行为可以视为有害拖延。

- 自己可以独立完成的任务。
- 有明确或大致截止日期的任务。
- 依照惯例，不太可能被取消的任务。

这三个标准是判断你是否需要立刻开始行动的试金石。

每当接到一个新的任务或者有某件事情需要去处理，请问自己三个问题。

Q1：这件事情是我可以独立完成的吗？如果不是，在这件事情中，我可以独立完成的部分是什么？

Q2：这件事情有没有规定完成时间？

Q3：这件事情可能被取消吗？

另外还有一些不同的情况。比如，你是一家公司的项目经理，你的某个大客户在上次会议中提到，他们预计在明年 4 月推出一个针对全国经销商的新项目，具体内容需要等到国外的项目方案本土化之后才会安排。他们希望你能提前做好准备工作。你同样可以用这个标准来问自己。

Q1：是自己可以独立完成的任务吗？

A1："不是，必须等到客户提供具体资料之后，我才知道那是什么。"

Q2：任务有明确或大致截止日期吗？

A2："可能，预计在明年 4 月。"

Q3：依照惯例，是不太可能被取消的任务吗？

A3："这可说不准，这家公司的部门和项目变化，过去曾发生过多次。"

你意识到这件事有些不确定因素：时间没确定，还需要远在海外的第三方的配合，至于需要提前多久准备，则取决于预判的工作量。如果预计工作量约为 10 小时，要额外准备 2~3 倍的弹性时间，即需要预留 20~30 小时。假设你在这个项目上的可支配时间约为每天 2 小时，意味着你需要提前 10~15 天开始工作，才能保证工作进度和质量。

有人会反对说："拖延会让我的工作效率更高，对我来说，截止日期才是最佳生产力。如果我可以在 20 小时内完成一件任务，我宁愿在最后 2 天每天工作 10 小时，以便高效率地完成这个任务，而不是提前 10 天每天工作 2 小时来做这件事情。我不喜欢在我的脑子装满了东西。我时常在最后截止日工作到很晚，虽然的确很累，但效率却出奇地高。"

抱有这样想法的不乏其人。但是，这是正确的方式吗？在最后期限到来前，开足马力工作或学习意味着更高效率吗？即便不考虑有突发事件打乱计划，情况也不一定如想象中这么美妙。事实表明，在最后期限到来前，开足马力工作与一开始就平均地投入时间，这两种工作方式的产出结果有明显的差异。

在截止日到期前，才拼命工作或学习的人往往有一种错觉，他们都会错误地高估形势，既高估了自己的能力，也高估了未来可利用的时间资源。他们乐观地认为自己具备高效的工作能力，但其实并不是。而另外有一些人只是为了炫耀，不惜到最后阶段再开足马力开始工作。最重要的是，在最后截止日之前高密度地完成工作，只满足了截止日期的要求，工作质量可能远低于平均水平。

Q：为什么时间充裕对于工作完成的质量来说如此重要？

人们在计划进行一项长期工作的时候，如果有充裕的时间，大脑就会将此任务正式纳入头脑空间，并会自动扫描和筛选相关信息，用来触发对这个任务的思考。即使不在工作时间，比如在走路或做其他事情时，也会得到这样的结果：你看到了某篇文章，与朋友聊天谈到了某件事或仅仅看到一句话，突然联想到自己正在做的工作任务。这意味着，一旦在你的视线内出现与任务相关的信息，大脑就会第一时间进行关联并提醒你。脑科学家也告诉我们，在临睡前思考某些问题，也可以加大获得灵感的可能性。你可以通过充分的筛选、梳理、比较、优化，获得更好的解决方案。

结论

并非所有的拖延行为都是有害的。在某些情况下，适当的拖延其实是一种任务过滤器。真正的有害拖延要符合个人可独立完成、有截止日期、不可能被取消三个特点。在计划进行一项长期困难工作的时候，尽量以月度为单位安排工计划，将要完成的任务及早纳入视野范围，并有规律地推进工作。时间充裕对于工作完成的质量至关重要。

2 打破拖延魔咒

在静止时，我们需要更强的爆发力来改变状态，克服摩擦力，而在运动时，运动本身有一种惯性，我们只需要顺应这种惯性就可以保持运动。

人们习惯性地对于困难的、没有兴趣的、离完成期限还有较长时间的事采取拖延行为，在最后期限到达前才匆匆地完成任务。虽然每个人都知道尽早开始的好处，但总是没有勇气和决心真正开始。让我们从现在开始，打破拖延魔咒，消弭一切有害拖延。

建立拖延任务清单

如果人们对拖延的细节不了解，甚至根本没有意识到已经拖延很久，就无法有效地开始。积极的行动与自我监控紧密相关。你要建立一张拖延任务表，将所有被拖延的任务记录在这张表中，并大致记录被拖延了多久，预计完成任务要花费多久时间。通过这张表，你就可以清楚地了解被拖延任务的情况：某件任务被可怕地拖延了近半年，但实际上，完成这件事情可能只需要区区半小时。

把你所有承诺要做，但是已经被拖延的任务，全都记录在这张表上。注意，任务的右侧有四列备注：第一列是任务截止日，第二列是预定完成日，第三列是任务量化时间，第四列是计划开始日期 / 时间。如果有些任务所需时间较短，也可以省略备注，下表是一个项目方案书的拖延任务表。

任务名称	任务截止日	预定完成日	任务量化时间	计划开始日期 / 时间
项目方案书	6 月 18 日	6 月 11 日	30 小时	5 月 20 日

而量化任务时间，则是最关键的一部分。你必须预估完成此任务的大致时间，并精确到 10 分钟。作为一个成熟的职业人，你在自己熟悉的职业范围内，必须了解完成一项工作大约需要多少时间，这是避免拖延的基础。如果你不知道需要花多少时间，你多半会花去比想象中更多的时间。举例而言，如果估计某项工作需要花 20 小时，而每天大约用 2 小时去做这件事，假设没有任何拖延，需要 10 天才能完成这项工作。写下“计划开始时间”是为了给自己一个明确的承诺，并提醒自己在规定时间内开始。人的大脑就是这样，人们倾向于按“写下的做”，而不是按“说到的做或想到的做”。所以，书面承诺比口头承诺永远更为有效。

大脑有时候会故意欺骗自己，让自己忘记一些不太喜欢的事。因此你在填写任务截止日和预定完成日的时候，要给自己预留弹性时间。在一些周期较长的项目中，预留弹性时间非常有必要，既可以避免意外事件的冲击，又能留有重复确认的时间，确保任务的完成质量。

克服启动摩擦力

很多时候，拖延是因为不愿意开始。有很多人用过度准备来抵抗开始前的压力，但这些准备其实并没有必要。比方说，工作前把办公桌里外重新整理一遍、扔掉那些不好用的签字笔。即使做完这些事，内心还是存在一种不安的情绪，不愿意立刻开始，他会告诉自己，过一会儿再开始工作。结果可想而知，可能在上床之前，他都不会开始工作。

如果你发现自己也存在这种情况，请告诉自己："停止做其他事情，立即为这件事情工作 5 分钟。"不是先去倒一杯咖啡，喝完再开始，也不是等你整理完电脑桌后再开始。这时候，你可以鼓励自己：没关系，只做 5 分钟，5 分钟之后，如果不愿意做，停下来也可以。结果会如何呢？通常当你开始一项工作，你就不会这么快就停下来。

在静止状态和运动状态中，保持运动的动力完全不同。在静止时，我们需要更强的爆发力，来克服摩擦力获得启动能量；而在运动时，运动本身有一种惯性，我们只要顺应这种惯性，就可以保持运动了。因此，如果不想被拖延耽误了重要的事情，请你立即告诉自己"为这件事开始 5 分钟"。这是克服启动摩擦力。

把所有中断了三天以上的工作任务都放在 5 分钟"克服启动摩擦力"清单上，逐一攻破。5 分钟足够我们命名一个新的文档、写上一小段文字、把拖延了很久的报销单整理好。在生活中，5 分钟可以复习 20 个单词 3 遍、做简单的身体舒展操或你一直想做却没有开始的事情。

人们往往倾向于完成一个已经开始进行并已有头绪的工作，而不是一个还没开始，也不知道如何着手的工作。所以，当你将一项工作从“待完成”文件夹转移到“正在进行”文件夹，会让你更有动力地完成工作。

分解困难任务

面对一项庞大或困难的任务，人们天生会有厌烦恐惧的心理。有时候，明知这些工作非常重要，我们却一再拖延，宁愿做一些既不重要也不紧急的事情。

一项庞大或困难的任务通常面临工作周期较长、参与人员复杂、资源不足等现实困难，我们很容易在这些困难面前裹足不前。如果能将这些工作拆解成几个步骤，针对每个步骤，我们都有相应的能力和资源进行处理，就不会再畏惧它了。不管那些工作看上去如何困难，都可以按下列思路拆解为四个步骤：

定义工作目标

以终为始，界定工作指标和指标背后的整体目标。聚焦于整体目标，思考应当完成什么样的工作任务、取得何种成绩。如一位业务总监在制订新一年的经营战略时，应区分未来的经营目标是追求销售额，还是追求利润率，或是追求市场占有率，抑或是对资本的有效利用，甚至是多种目标的结合。

整理工作所需资源

整理完成此工作需要的所有资源，包括资金、团队、外部供应商、时间周期等。

明确工作配合对象 建立工作人员联络网络，包括内外部工作联系人员、直接主管或下属、项目关系人等，对关键对象提前通气，保持及时沟通。

阶段化工作任务和关键节点 将完整的工作表进行切分，明确每一个阶段的工作重点、工作内容和工作成果标准，在关键时间节点进行回顾和总结。及时调整工作内容，不断接近目标。

首先，将大问题拆解成目标、资源、对象和阶段四个要素，再将每一阶段的任务再次切分为更小的阶段性任务，配合相应的资源进行处理。执行工作时先易后难，不断累计小成果。最终，我们就可以将一个庞大的难题变成一系列可以操作的任务清单。

拖延大扫除

看着长长的拖延任务清单，还是无法决定是否现在要开始吗？你可以在任务列表里挑一两个任务，例如任务 A 和相对容易一些的任务 B。然后告诉自己，此时必须完成 A 和 B 中的任何一个。大脑肯定觉得 B 比较容易，因此任务 B 就会首先被消灭。那如果要完成任务 A 怎么办？我们可以再建立一个比 A 更困难的任务，这样我们就有理由去做 A 了。因为“两害相衡择其轻”，人总是趋利避害，会自然地选择一些较容易的事情来做。

某些时候，工作任务会因意外而中途停顿，虽然短暂的停顿不会影响工作进度，也不会影响完成任务的心情，但是，任务拖延得越久，就越没有信心和动力完成。例如一件事情被中断了一周以上，那么重新开始的可能性就大大减少了。

有一种方法可以拯救被严重拖延的那些任务：用完整的一天集中攻克这个被拖延的任务。除了这件事，不要做任何事。如果你的精力足够集中，这一天内，你有可能赶上一周的进度。但并非所有被拖延的任务都适合用这种方式完成，例如背英文单词、锻炼身体等常规任务。因此，最好的方式还是及早地消灭这些任务。

结论

人们对于困难的、没有兴趣的或离完成期限还有较长时间的事会习惯性地采取拖延行为。解决之道分四步。首先，通过拖延任务清单了解自己的拖延行为；随后告诉自己开始5分钟，克服启动摩擦力；对于困难的任务，如有畏难情绪，可以分解成小块，逐一解决；最后，针对被拖延了较久的任务，可以采取集中式的拖延大扫除来清除障碍。

3 保持专注的奥秘

要么改变这个环境，要么离开这个环境。

那些经常在中间阶段拖延的人，80% 是环境干扰或自我干扰的结果。他们会说："我知道不应该拖延。但是，我总是忍不住在网上闲逛。我经常会被无关紧要的事情吸引，而忘记了要做这件事。其结果是，每次都无法按时完成任务。"

法国生物学家乔治·居维叶说过："天才，首先是注意力。"良好的注意力能稳定地把心理能量集中于特定的对象，如学习材料或工作报告内容，同时能屏蔽和抑制其他不相关的思维和行为，不被其他事物和行为所干扰。注意力集中的人能够持续地利用全部思维关注特定的问题，很少会出现思维游离和心神不宁的状况。可以说，注意力就是某些人拥有工作成效的全部奥秘。

注意力低的人在独立工作或学习的时候（如阅读或书写报告），经常会出现思维游离状态，思考或处理其他不相关的事情，中断和影响工作或学习进程。经常走神的人，思维断点比较多，重新进入工作和学习状态要花费更多的时间。他们会不停地查看手机和邮件，一天内频繁地刷新网络社交软件，对他人的关注胜过对自己的关注。他们也特别容易受到各种环境因素的干扰，如无法忍受周边嘈杂的环境，对于来自他人的打扰、突发事件缺乏处理的手段和技巧。他们只有在极端安静的环境下才能进行思考，如果让这些人移动座位，他们会情绪不安，需要很长时间才能适应并重新投入工作。

如果感觉自己注意力不够集中，经常在工作中被各种情况干扰，可以先记录并分析主要干扰源头，再考虑改善策略。常见干扰大致分为两类：可控干扰源（主观）和不可控干扰源（客观）。可控干扰源指源自本人的干扰，一般有网络诱惑、思维游离等主观情况；不可控干扰源主要指外部环境干扰，或者突发事件干扰等客观情况。

改善策略很简单，在正式工作前，切断可控的干扰源，并努力降低不可控的干扰影响。

可控干扰源

- **网络诱惑**

网上的信息量巨大，没有必要时刻挂在网上随时回应。抵制网络诱惑的方法是每天断网若干时间——关闭手机或调到静音状态后，将手机放在抽屉里或另一个房间。从每天断网半小时开始，逐渐增加到每天 8 小时。在白天清醒的 14 个小时内，你还拥有 6 小时在线时间，这已经足够完美地完成工作和学习了。如果希望记录每天断网时间，可借助如 Forest 等手机 App. 来实现。

- **思维游离**

有些人即使没有网络干扰，也常被自己干扰，他们会突然中断当前的工作进程，思考或处理其他不相关的事情。如果你也经常这样，可以尝试使用“工作计时法”。在开始工作之前，先预估任务所需时间，然后打开计时器开始工作。在计时器嘀嗒作响的时候，你就会倾向于集中精力完成工作，避免浪费时间。如果希望提高专注力，集中精力完成阶段性任务，可借助番茄时钟等手机 App. 来实现。

不可控干扰源

- **环境干扰**

假如有条件，可以选择安静无打扰的地方。如果不得不在一个固定的环境中工作，也可以选择在相对安静的时间段进行邮件、报告等书面工作，而在环境比较嘈杂的时间段进行电话、面谈等沟通工作。在公共场合佩戴耳机可以减少来自他人的干扰，但在办公室内并不适用。

- **突发事件**

如果不加以控制，每个公司职员每天要被各种意外事件打扰十几次甚至几十次。有技巧的人在工作开始之前，就会预判当天可能会发生的各种事件，提前进行处理。此外，还需要分析突发事件的性质，根据重要和紧急程度分别处理。对于经常受突发事件袭击的高级管理人员，还可以设置“缓冲时间”。例如，将每天最后一小时作为缓冲时间，或把每周四下午设为缓冲时间，留出一段完整的空白时间。一旦有突发事件需要处理，可将额外的工作放置在缓冲时间进行解决。这对于工作量爆满的职场人士来说非常实用。

结论

良好的注意力是影响工作成效的重要因素。对于工作中的各种干扰情况，人们要记录和分析干扰源头，区分可控干扰源和不可控干扰源，并相应地做出处理。通常来说，在正式工作前切断可控的干扰源，如断网、前瞻性处理工作，可以大大减少外部干扰，提高工作效率。对于工作繁忙的职业人，设置一个不被打扰的环境和时间段，或利用“缓冲时间”处理意外突发事件，也是非常有效的方法。

// Individual Improvement

PART 3

自我 × 发展

工作3～5年后，不少人遭遇了第一次职业发展瓶颈。他们发现，上升到管理岗位后，自己的身份从被辅导者变成了辅导者，整天忙碌，压力陡增，却很少有机会学习如何成为一个优秀管理者。在困难的内部管理和激烈的外部竞争双重挑战下，他们从一名优秀的员工变成一位失败的管理者。在这个阶段，管理者应当提前做好准备，策略性地发展自己的专业水平和管理能力，带领团队做出成绩，提升自己的内部竞争力。同时，管理者也要善用资源和平台力量，扩大组织成果，进一步增强外部影响力。

第七章 个人能力发展

1. 从零基础到行业精英

请思考三个问题：

Q1: 什么样的人可以被称为行业精英？

Q2: 你需要花多少时间，才能从一个新手进阶成为行业精英？

Q3: 你工作多久了？觉得自己离“行业精英”这个称谓还有多远？

25 ~ 35 岁的年轻人在体力、精力、时间支配等各方面都处于巅峰阶段。但许多人缺乏自我提升意识，能力和业绩一直没有突破。一旦错过这个职业发展的黄金阶段，许多人就只能永远停留在原地了。

那么，从一个毫无经验的新手，快速成长为一位行业精英，其中的奥秘究竟是什么？

首先，要具备敏锐的学习意识，从工作中发现一切学习机会。

并非所有资历丰富的人都可以被称为行业精英。大多数人在现有工作环境下，只是努力完成工作，并没有培养对工作本身的好奇心，也就丧失了在工作中观察、提问、思考解决新问题的能力。这样的员工，无论工作多久，也只能做一些常规性工作，与“精英”无缘。另外有些人，却能通过敏锐的观察力和思考力，在工作中发现各种学习机会，利用一切机会塑造自己的专业能力。这些人大多在很年轻的时候，就已经成功奠定了行业精英地位。

日本著名的战略管理大师大前研一用自己的职业经历，诠释了如何从零基础快速成长为行业精英。

大前研一曾就读于日本早稻田大学应用化学系，先后获得东京工业大学核工硕士、麻省理工学院核工博士，是一名纯粹的理工科学生。1970 年博士毕业之后，他进入日立公司担任核能开发部工程师。1972 年，他被猎头公司看中，极力推荐他加入日本麦肯锡顾问公司。虽然大前研一没有任何咨询顾问公司的工作背景，甚至不知道咨询顾问的工作内容是什么，但由于麦肯锡公司对高级人才的特殊选拔方式，大前研一还是以一个原子能工程研究者的身份，一片空白地进入麦肯锡管理顾问公司。七年之后，36 岁的大前研一升任为麦肯锡集团日本分公司董事长，此后又被升任为亚太区董事。

在麦肯锡工作的头两年，大前研一通过自学，快速完成从零基础到行业精英的蜕变。出于在科研工作中培养的良好自学习惯，他每天在工作之余，将自己日常工作和思考学习的内容记录在笔记本中。两年之后，这位咨询行业的超级新人将这本工作笔记结集出版。这本名为《企业参谋》的书引起了轰动。

大前研一如此描述成书的经过："进麦肯锡的头一年，我的习惯是，碰到任何情况，都随手记下来，将问题和自己所学到的新知识，记在大学的笔记本上。写满几个笔记本之后，出版社就将这个备忘录整理编辑出书。结果，这本书竟然成了企管类书籍中的畅销书。这更加促进了公司业绩的快速上升。"

作为一个零基础的新人，大前研一最初也是抱着积极求教的心态进行学习。他很快就发现，在业务繁忙的咨询公司，无论是上司还是同事，很少能有充裕的时间对新人进行详细的指导。于是他开始自己钻研、解决问题。大前研一举了一个非常生动的例子。

>> 案例 >>>. 把旅行闲聊作为学习机会 >>>>

1974 年（入职后两年），我到美国旅行，与一家木材公司的董事长相邻而坐。这家公司在美国同行业中位居前 5 位，想到将要度过长达 5 小时的旅途，于是我就开始主动询问：您公司成功的关键是什么？令我大吃一惊的是，这位董事长几乎是不假思索地回答道：拥有广阔的森林，并从拥有的森林中得到最多的收益。要想满足第一个条件，收购森林就可以了。至于第二点，则需要进一步了解。于是我又继续询问：要想从拥有的森林中获得最大的收益，需要控制哪些变量呢？董事长答道：

缩短树木的生长周期。树木的生长通常由两个条件决定——日照和水量。在我们公司拥有的森林中，同时拥有这两个条件的地方很少。比如犹他州和亚利桑那州，这两个州的日照充足，但水量不够，因此树木生长缓慢。如果让这两个州的森林得到足够的水量，需要30年才能成材的树木可能不到15年就可以成材了。这是我们正在大力推进的项目。

我立刻判断出这位董事长能够围绕工作成功的关键因素制定战略，我接着询问，“那么，在水量充足，但光照量较少的哥伦比亚河下游区域，是否可以依靠化学药品加速树木的生长，或者选择对光照量要求较少的树种呢？”于是，我们在很短的时间内确定了讨论的框架，并具体地展开各种情况的分析。我觉得自己在这次旅途中获益匪浅，但董事长却一再向我道谢：“我以前总是凭自己的经验去思考，现在突然能够对全局有一个总体的把握了。”

上述故事中，大前研一使用的正是被称为“问题树”的分析方法。遇到一个棘手的大问题时，首先要分解成至少两个互不重复的两个次要问题，从一个问题派生出一连串问题，使原本无从下手的大问题逐渐分解成可以着手处理的问题。然后提取关键要素，努力清除障碍或制约条件，按一定的次序依次解决。

不管是休假还是工作，大前研一总是习惯性地观察、思考、假设、验证。一旦问题出现，他总是精益求精地探索问题的本质，从发现问题到动手解决问题。于是，在非常短的时间内，大前研一几乎是无师自通地成了咨询行业的高级顾问。

在工作早期，当你遇到“无法回答的问题”、“陌生的概念”、“从来没有听说的事”，都暗示着你在某些方面欠缺知识和经验。请立刻在你的学习清单上增加新的一栏，包括打算学习的内容、预计何时去学习，以及想到有什么最佳渠道和求教人选。保持好奇心、深入追问，从一些看似寻常的事情，甚至困难障碍和批评责难中，敏锐地发现学习机会，这就是区别普通员工和优秀人才的分界线。

其次，要培养结果导向的自学能力，制订学习方案。

互联网是现代人学习的乌托邦。无论什么行业领域，每个人都可以在网上搜索到海量的资讯和行业学习材料。越来越多的人投入了大量精力用于各种学习，但其中很大一部分人仅以阅读多少书、看了多少视频作为衡量学习效果的标准。实际上，无论阅读多少学习资料，这仅意味着信息输入，学习的终极目的是学以致用，方能更好地适应现实世界。

为了达成这一目标，必须学会培养结果导向的自学能力，制订合适的学习方案。

相对于知识的总量，我们真正能够学习的只是极小的一部分。高效学习的第一步，就是学会正确筛选学习材料。每一个行业和学科，都有最基础、最核心的内容。通过 Wiki①，Wolfram Alpha②或者豆瓣豆列③，找到多本口碑卓著的经典著作，从目录和概要开始，可以较快地提取这个领域的基本知识体系、脉络和核心概念。建议采用多种材料集中对比阅读的方法，既可以相互印证某些概念，迅速地建立没有偏见的知识框架，也能使更经典、更有生命力的观点和学说自动浮现出来。

---

① Wikipedia 即维基百科，是一部基于互联网、内容开放的全球多语言百科全书，也是目前世界上最大的百科全书。

② Wolfram Alpha 是由一家开发计算数学应用软件的沃尔夫勒姆研究公司开发出的新一代的搜索引擎。其创新之处在于其本质上是一个计算知识引擎，它能够马上理解问题并给出答案，而不像其他搜索引擎一样仅返回若干网页链接。

③ 豆列是豆瓣网中的一个主题推荐功能。个人用户可将某个领域相关的推荐资料整合在一起，方便对此领域感兴趣的其他用户进行系统性学习或使用。

有些人的搜索速度、质量都比一般人更强，能很快发现和筛选出优质的学习资源。他们的做法是追本溯源，先找优质内容的集成地（如专业网站、经典书籍的推荐书目、豆瓣豆列），然后再寻找需要的内容。这样，既缩小了查找范围，提升了效率，结果也更加精准。此外，寻找知识源头也是一个非常不错的技巧。从一些优秀经典书中，可以顺藤摸瓜地找到不少品质有保证的书籍。例如，从凯文·凯利的《新经济，新规则》的参考书目中可以找到《净收益，通过虚拟社会来开拓市场》、《自我管理经济》等关于新经济和新商业的一系列最新书籍，从人类学经典著作《猿猴的把戏》中可以找到《合作的进化》、《激情的理智、情绪的策略角色》等源于人文历史方面的著作。从本土佳作《暗时间》的参考书目中，可以找到《How we decide》、《判断与决策》、《心理学和生活》、《Nudge》等心理学和决策思维方面的经典书籍。

高效学习的第二步是快速吸收信息。麻省理工学院学生斯科特·扬（Scott Young）在一年内，凭借独创的整体性学习方法，自学完成 MIT 计算机科学四年的 33 门课程，并通过了难度非常高的 MIT 考试。他的自学速度惊人：平均一周半学完一门课程。

在这个阶段，他的建议是要使用“大容量、加速吸收”的学习方法。在阅读的时候要尽量快速浏览，既不停顿，也不回看，甚至不用记录摘抄；如果是通过视频的方法来学习，最好将速度调到 1.5 倍速，甚至 2 倍速快进观看。之后，通过简化和压缩信息，以自己的语言简洁地整理出一个信息架构。

他在《如何高效学习》一书中提出了整体性学习的五个阶段（见下表）。每个阶段都有关键任务，也都需要进行测试，了解学习者是否有效完成了这一阶段的关键任务，以及完成质量。

整体性学习的五个阶段

阶段	内容	定义	关键任务
第一阶段	获取	我以前看过或听过这个知识吗？	快速、大容量吸收
第二阶段	理解	我知道知识的来源和内容吗？	知识简化、归类
第三阶段	拓展	我知道知识从哪里来，和哪些有关系？	知识链接、整理
第四阶段	纠错	我删除了那些不恰当的联系或错误结论吗？	测试、补缺
第五阶段	应用	我把知识用到实际生活中去了吗？	创造渠道、实践

在实际工作中，人们可以通过工作笔记总结成败得失，予以改进，也可以通过优化工作流程提升工作品质。职场人工作一年以上，就可以总结岗位实战经验；工作两年以上，可以总结分析行业客户典型需求、困难和影响及个人管理策略等。此外，不畏惧挑战，主动承担新任务、新项目，学习新技能，拓展个人能力疆域，都可以帮助自己快速成长。

虽然大多数人都对学习抱有兴趣，但是只有很少的人知道如何实践应用。很多人会有“虽然我学了很多知识，但是我却不知道怎么用”的疑惑。学习的最后一步，就是主动创造新的应用途径，而不是等待机会使用学的知识。

信息专家 Peter Morville 曾提出专业的输出方法，提倡循序渐进地通过实践、写作、交流、准备演讲、演讲、书籍写作、书籍出版来应用所学的知识和技巧。他所建议的方法一共有七个等级：

尽管不是人人都能达到出书的程度，但可以通过建立自己的知识体系来完成高效学习的闭环。只有高效地筛选信息，敏捷地吸收新的

实践	把新知识和旧知识共冶一炉。
写作	把经验和体会书面化。
交流	积极分享，将知识社会化，获得建议和反馈。
准备演讲	重新梳理知识系统，将框架和内容搭建完整。
演讲	把知识社会化，传播到行业社群中，同时提升个人品牌。
书籍写作	将知识系统填充丰满，并以高度逻辑化的方式呈现出来。
书籍出版	将知识系统转化为有形产品，进一步传播到更广的社会层面，扩大影响力和增加受益群体。

资讯，并在理解的基础上不断实践应用，内化成自己的能力，才能被称为是“擅长自学”的人。

第三，建立工作的日常优化意识，使每一次工作都产生差异和进步。

所有人都是从最普通的日常工作开始的，在职业的初级阶段，都不可避免要重复单调的工作。但从枯燥的工作内容中，依然可以找到突破的机会。

不管是什么公司，几乎所有日常工作都隐含着某些问题，例如，“这个数据表设计得很不清楚，做起来太不方便了，不过反正不是我做的，和我没关系。”“这个审查表里的审查项目有好多类似的，这么做简直浪费时间。不过，大家都好像没有意见，那我也不说什么了。”如果人们能建立对日常工作的优化意识，敏锐地发现这些问题点，迅速着手去改善，就有机会获得好评，来证明自己的实力。

>> 案例 >>>. 简化工作并不简单 >>>> . >>

独立经济评论家胜间和代，被《华尔街日报》评为全球最值得瞩目的50位女性之一。她的学习和工作履历都非常惊人：在19岁就通过日本注册会计师复试，创下日本历史上通过此项考试的最年轻纪录；分别在安达信、麦肯锡、摩根大通等国际知名机构担任过会计师、战略顾问和证券分析师的职位。

胜间和代在她的著作《效率提升10倍的GOOGLE化知性生产技巧》一书中谈到她是“如何使明天比今天更轻松”的。

胜间和代早年在外资银行从事营业员工作，当时的例行事务只是整理资金现状、与伦敦交换信息、向其他部门提供利率等简单的事务性工作。这些工作几乎占据了整天的时间。所有的同事、包括这份工作的所有前任都是每天重复着千篇一律的内容。胜间和代说：“我对这样的工作现状很不满意。我开始思索每一项工作的目的是什么？我虚心向同事们请教，听取他们的意见。最后，得到上司的同意后，在不改变工作目的的前提下，改进了工作方法。例如，对于资金现状的管理，我从以往的手工整理形式替换成整个部门都可以共享的EXCEL 处理方式。（我）又向法务部提出申请，获许可后，把以往用电传进行交易的方式，改为用邮件归档管理系统的方式。另外，还把以往利用电话向其他部门提供利率的做法，改成每天一早发送传真或电子邮件的方式，只有在利率发生变化时，才发送追加信息。这样一来，以往需要一整天时间才能完成的例行事务，锐减到2小时就可以完成。而且，通过这样的改进，每天出错的概率也大大降低，不仅我们的部门满意，相关部门及顾客的满意度也上升了。”

在工作中，要达到“遇到任何事情，都能够很好解决”的胜任阶段，大概需要多久时间呢？对于一个中等以上的管理人员，在工作中完全独当一面大约需要3～5年的时间。但是，很多人一旦到了这个阶段，就停止了发展——他们在自己的工作岗位上显得游刃有余，却不再有任何进步。

一流运动员和二流运动员有一个本质的区别：一流运动员更愿意去练习一些不太熟悉的动作，即使在一开始表现得不理想，也会不断练习。而二流运动员更倾向于重复拿手好戏，从过去的经验中获得满足。前者注重潜力，而后者注重表现。心理学家把注重“表现”的方式叫作追求绩效目标。当你追求绩效目标的时候，精力就会被引导到一个特定结果上。但是真正的高手都不怎么在意绩效目标，他们追求的是自己的潜力和“进步目标”。他们不会甘心停留在某个较高的水准上，而是不断努力寻求更大的突破。

每个人在寻找到自己真正愿意投入的领域之后，无论身处什么样的公司或团队，面对所有该学习的事物，都不应当满足于“学会”，而是要“学精”。

追求卓越者对改善工作有着永不厌倦的好奇心和追求精通的激情，希望可以做到无可挑剔。他们不会满足过去的成功经验，经常对已经发生的工作进行分析，尤其擅长在没有外部要求的情况下不断反省，自觉地更新优化。他们还会随时随地思考工作的目的，探索其他可以替代的方法，如何才能用更少的付出得到同样的、甚至是更好的结果……

如何从看似单调、枯燥乏味的工作中发现问题点（机会点）？

01. **提高工作的精度，优化工作内容和结果。**解决日常工作的问题点，首先可以从提高工作的精度着手。把自己想象成目前工作的继任者，思考如何进一步改善。例如可以优化表格格式、整理归纳数据、补充和关联信息、使工作更简洁高效等。

02. **通过数据化分析，发现原本隐藏的问题。**如果日常工作中并没有任何优化的余地，还可以将这项工作进行数据化分析，以发现事件之间的因果关系、优先次序和变化趋势，从而进行更有效的调整，进一步提高工作绩效。

03. **围绕着“利益相关者”进行思考。**“利益相关者”指的是与你的工作流程、结果有关系的人或部门，可能是本部门的同事或上司，也可能是跨部门的主管，甚至是公司外部的客户。有经验的职业经理人会以终为始地思考需要什么样的工作成果，并考虑工作结果的使用场景和使用者，关心“相关利益者”的利益。要经常思考，如果要让上司或管理层做出正确的决策，自己应该报告什么？究竟能为其他人、其他部门、外部客户乃至整个组织贡献什么？为对方提供方便，对方会因为工作变得轻松或更有质量而感谢你。这种横向的贡献意识能使专业化的分工体系有效地协同起来，使工作产出最大化的成果。

04. 关注公司的核心目标，并在日常工作中积极体现。

无论公司规模大小和成立时间长短，任何一家公司存在的核心目的是永恒不变的，它包含了六大目标：实现公司创始人理念；追求商业利润和结果；提高客户满意度；提高员工满意度；教育培养可用人才；建立一个能让以上成果重复的体系。任何看似简单、枯燥的日常工作，本质上都是总体战略目标被分解之后的任务。这意味着，人们不仅需要具备精益求精的工作能力，更要理解日常工作背后蕴含的意义，并采取有效的行动，以实现这六大目标。

人们通过各种成功和失败事件，慢慢累积人生经验。事实证明，任何一个人的学习和成长都不是自然发生的，而是基于人的主观需求，不断进行反省和持续改善，通过对细节的打磨，最终实现能力的拓展和提升。善于优化工作的人，必定有比普通人有更强的自我要求。如果能每天持之以恒地优化工作，不仅在专业性方面提升很快，也更容易在团队中崭露头角，获得晋升和发展机会。

结论

工作场所是最佳的能力发展平台。微软公司的著名“127 职业发展经验模型”说明了自我培养的重要性：职业能力的提升只有 10% 来自正规系统的培训，20% 的内容来自对他人的借鉴和学习，而其余 70% 则来自工作本身。提升工作能力需要具备三个要素：提升学习敏锐度、培养高效自学能力、建立日常工作优化意识。具备这三个要素的人会在每天的工作中发现不同的学习机会，持续进步，从而快速从零基础新人成长为行业精英。

2 强化工作调适能力

荷马史诗《奥德赛》中有一位海神名叫普罗特斯（Proteus），据说抓住他就可以预知未来，但要抓住普罗特斯并非易事，因为他有一个特殊的本领，能任意改变自己的外形，变成狮子、毒蛇，甚至流水或树。英文中的protean（易变性）就取自这个典故。

相比于人的易变，职业的易变让人更难适应。

2000 年以来，随着经济全球化和产业结构调整，传统的刚性组织结构逐渐受到严峻的挑战，越来越多的企业呈现出多元化、扁平化和网络化等特征。许多企业部门间的横向边界、层级间的纵向边界，以及外部边界不断被打破。另一方面，随着组织变迁和员工心理契约的变化，员工在不同组织、不同行业之间的流动性大大增加。组织和员工之间的雇佣关系呈现出短期化的趋势，企业的平均寿命在不断缩短，员工的平均雇佣期也随之缩短。有调查数据显示，在以终身雇佣制著称的日本，男性工作者的平均雇佣期已经令人惊讶地降到历史最低点——不足八年。在美国，中高级管理者的平均雇佣期约为六年，而普通员工的平均在职时间不足四年半。而在一些发展中国家中，由于组织频繁变化和金融危机的影响，人们也更频繁地穿越组织边界和行业边界，跳槽和转行变得非常普遍。不知不觉中，人们已经进入了一个新的时代——易变性职业生涯（Protean Career）时代。

在快速变化的商业环境中，人们会遇到大量不确定事件，职业生涯会产生更多不可抗的、频繁的变动。由于个人兴趣、能力和价值观的变化，或者由于企业经营环境变化，甚至只是内部政策的变化诸多因素，人们会更加频繁地改变自己的职业。每一个人随时都可能面临新的挑战：在全新的工作环境工作、与陌生的团队共事或担任与以往完全不同的职务。

易变性职业生涯与传统职业生涯的显著差异体现在以下方面。

特征要素	传统职业生涯	易变性职业生涯
管理支配权	组织支配	个人支配
职业价值	组织承诺、就业保证	工作满意度、成就体现
职业发展目标	晋升	自由成长
职业发展方向	垂直上升、管理型、专家型	多元化、非线性、无边界、跨界
职业能力内容	标准岗位胜任力	综合能力持续更新
能力培养手段	很大程度依赖正式培训	更多依赖人际互动、在职体验和自我管理
流动性	较低	较高
成功标准	职位水平、工资收入	心理成功、对外输出及贡献

在易变性职业生涯中，工作满意度和个人成就的重要性超过了就业保障，而职业发展方向从单一的垂直晋升变成了多元化，非线性甚至是无边界的发展。决定职业生涯成功的关键也从“标准的岗位胜任力”升级成“综合能力持续更新”。员工的职业范围和职业能力随着市场和客户的需求变化而不断调整变化。

乔治城大学（Georgetown University）教育与就业研究中

心主任、经济学教授安东尼·卡内瓦莱（Anthony P. Carnevale）在《美国和新经济》一文中指出：为适应21世纪的新形势，未来从业人员必须要具备三大基础技能和五种核心能力。掌握这些优先级别更高的元能力，你就可以在现代职场中通行无阻。

三大基础技能分别是：

能力基础： 能够读写听说，完成一般的分析运算；

素质基础： 责任心、自尊心、善于交际、自律、正直和诚实；

思维基础： 具备创造性思维、会决策、能想象和解决问题、能学习新知识和推理。

未来从业人员的三大能力基础中，以能力基础最为浅显，仅包含最基础的听说读写和简单分析计算，普通人通过K12基础教育（通常为7～18岁的学校教育）就可以获得。决定素质基础的关键则是以一贯之的家庭教育。一个人的情商、社交智慧、社会道德及价值观都因为家庭成员的观念灌输和潜移默化的行为逐渐成形，并体现在个人的自律规划和对他人的互动中。而思维基础的培养，更多是人们在进入职场之后，通过具体的工作场景，实践各种技能后逐渐发展成熟。

五种核心能力分别是：

资源管理能力： 分配时间、制定目标和突出重点目标的能力，以及分配经费和准备预算的能力；

信息数据管理能力：确定所需要的信息并设法获得信息、分析和利用信息数据的能力；

合作交流能力：作为小组成员，参与内外部活动和交流合作的能力；

组织管理能力：了解社会、组织和技术系统是如何运行的，并懂得如何管理它们的能力；

技术应用能力：选择合适的新技术的能力，以及在工作中应用新技术的能力。

不管进入什么行业，何种岗位，也不管职能如何变化，每个人都必须掌握和熟练使用这些能力。对数据、资源的搜索、分析、整合是有效工作的前提，而优秀的组织管理能力和合作交流能力能优化工作流程，保持工作顺畅，也能极大激励个人、鼓舞团队，使大型项目和团队表现出色。技术应用能力的高低决定了未来工作团队的业绩优劣。越是优秀的团队，越善于选择和应用优秀的技术，催化工作绩效。而观念陈旧、技术工具落后的个人和团队注定会被高速发展的商业社会所抛弃。

不管是外部商业环境的变化，还是个人发展的要求，人们会越来越多地面临新的工作挑战：

- 担任新职位，在一个完全不同于以往的环境中工作；
- 自己的部门需要和另外一个部门合并，并接受一个新领导的管理；
- 需要和远在另一个半球的同事们通过网络协同工作，并处理不同语言、文化、工作风格及项目进度的问题；
- 公司在一次行业危机中受到波及并被撤销，自己需要进入一个新的部门工作，面对完全陌生的工作内容、同事、客户。

调适能力高低决定了人们能否应对这些挑战。优秀的职场人士通常具备卓越的心理素质和行为表现，能够在变化和不够理想的条件下工作，并积极地管理这些环境和条件，使之为自己更好的工作绩效服务。他们通常在下列事项中能保持正向的敏锐度，并采取积极行动。

- 了解市场变化和公司的战略变革方向。
- 了解公司、部门、团队不同文化和背后的原因。
- 了解公司或客户目前的发展重点、关键项目、主要危机和压力来源。
- 了解公司或客户的人力资源架构和主要负责人、影响人。
- 了解不同部门的利益表现方式及其差别。
- 了解不同工作伙伴（上下级、同事、客户）的沟通风格和利益诉求。

>> 案例 >>>. 为什么项目成功了，管理却失败了?

部门经理布拉德担任了一个新职务，接手一个临时项目团队。按照公司的要求，他需要压缩 30% 的预算，并且削减 2 个人员，但是项目的完成交付日期与之前没有任何变化。布拉德认为时间太紧张了。在第一阶段项目回顾会议上，他向管理层报告了项目的进度，并请求公司延长项目时间，但是决策层并没有同意他的建议。他只得将压力转移回自己的团队，除了自己疯狂地投入工作，他也要求自己的团队成员每天加班。团队的成员亲眼目睹了他的失败，对他的领导能力产生了怀疑，几乎每个人都对当前的工作安排非常反感。三个月之后，尽管项目如期完成了，但团队中的每个人，包括布拉德自己，并没有丝毫兴奋的感受，每个人都觉得筋疲力尽，并且充满愤怒。

布拉德意识到这种情况，但他觉得自己无能为力。

在这个案例中，布拉德面对变化后的新状况，没有采取恰当有效的行动，导致了项目的不顺利和团队情绪的低落。表面上看，他非常努力、敬业，也已经向公司争取了资源，但是结果却不尽如人意。原因在于，他缺乏足够的调适性能力应对项目变化后的情况。

管理者要理解变化是正常的现象，面对不如意情况和障碍的时候，管理者需要做的第一件事，是要保持乐观积极心态，向团队传递一致的目标和信心。同时，通过各种渠道，积极调用所有资源（人、财、物、流程），力求解决变化带来的新问题。

在团队内部，布拉德可以先将所有人都集中起来，诚实地告诉同事们公司和项目的情况，在信息和意识上，首先和大家取得一致。通过头脑风暴会议，布拉德也可以了解各种解决问题的可能性，并安排相应人员一一实施。此举的关键在于，通过这些开诚布公的沟通，布拉德将获得更多的支持，尤其是当一部分支持者进入到核心项目队伍中，工作的进展会变得更积极。当然，作为管理者，也应该体谅下属，主动关心下属的工作状态，允许下属更机动地工作，以减轻加班带来的心理负担。

在团队外部，布拉德则应当积极寻求外援的帮助。布拉德应该有意识地把数据信息、判断及对策、直觉或经验，尽可能传递给自己的上司。这种“向上的贡献意识”，便于上司做出正确的决策，能够更有效支持自己的工作。他应该主动去了解公司内部有哪些高层与此项目有关。通过私下单独沟通，了解最可行的方法是什么，并积极争取对方最大化的支援。

即使在最小的企业中，也存在各种错综复杂的人际关系和企业文化，要想顺利地开展工作，对这一点就绝不能疏忽。由于中国传统文化的关系，很多人对于处理各种复杂人际关系心存顾忌，在办公室社交的两极中找不到合适的位置。一方面，他们认为“办公室政治”的确存在，如果具备良好的人际关系联盟，就能轻易处理某些困难的事情，或争取到更好的政治资源。另一方面，人们又担心太靠近某个联盟，就等同于疏远其他联盟。当不慎卷入公司的政治旋涡，就会对自己的职业发展带来负面影响。

职场的调适能力，包含了处理复杂人际关系的高级技能。具备优秀调适性能力的人员会积极地处理各种权力和群体关系，也知道在特定的情形下，如何施加个人影响力。他们既不畏惧也不远离办公室政治联盟，即使没有实际职权，也会通过个人魅力和专业度施展非权威影响力，为自己的观点和想法找到关键支持者。

在调适能力方面，面对人要比面对项目更为困难。人类天生有趋利避害的特性，因此，每个人面对陌生的、不如意的情况，总是倾向于否决或逃避。比如说，面对对方激烈的负面评价，你总是很难接受。但是冷静之后再次想想，对方是否指出了一些自己没有注意的事实。如果真的按这种方法再尝试一次，有没有可能获得更好的结果。”倘若真的采用这种方式，你可能会发现，对方的批评中的确隐含着对自己有益的建议。如果我们对客户或者领导的批评持消极甚至对抗态度，那么我们可能会破坏好不容易与对方建立起来的良好关系。而关系的破裂，毫无疑问对会我们的职业发展造成更严重的影响。

公司除了正式的组织架构之外，通常还会有非正式的权力影响机制。我们要能够判断出公司的各种派别，甚至要了解不同派别对于不同项目的支持程度是如何的。

我们要知道，如果想获得某位不可接触的高层支持，应该向谁去求助，通过哪个渠道牵线搭桥最有效。我们应该分析每一个行动或建议是否会对其他团队或人员产生影响。对利益方越是了解，就越能做出符合利益方要求的行动策略。此外，我们还应该知道哪些类型的建议和行动比较容易在本公司获得批准，而哪些想法较难获得支持。在提交行动方针或策略建议的时候，需要巧妙地避开这些雷区。

事实上，当你越早了解到这些，就越能够理解公司运行的规则，包括正式的和非正式的规则，也能够在提出建议之前，反复思考自己的创意和提议的可行性，从而获得更多的支持和帮助。

结论

人们已经不可避免地进入到一个新的时代——易变性职业生涯时代。由于个人兴趣、能力、价值观的变化，或者由于企业经营环境甚至只是内部政策的变化诸多因素，人们会更加频繁地改变自己的职业。不管主动还是被动，现代职场人随时都可能面临新的工作挑战，而调适性成为人们应对挑战的重要武器。积极看待职场社交，快速融入新的群体，学会分析不同群体利益和处理复杂人际关系，能帮助人们在不够理想的环境下迅速调整状态，优化资源条件，从而为更有效的绩效服务。

3 上任第一年，你会遭遇什么？

新经理需要了解不同阶段的挑战，保持觉察能力，学会预防问题而非追踪问题，努力争取资源，并求得广泛的合作。

恭喜你！收到了一封令人艳羡的晋升邮件。邮件中，你的上司对你的成绩表示了嘉许，并祝愿你在新的岗位上做出更大贡献。这真是一件非常振奋人心的事情。

人们获得晋升，拿到更优渥的薪水，同时也意味很多全新的变化和挑战。新经理们会为晋升做很多准备，但真正开始工作的时候，他们却依然感到震惊和不适应——情况和自己想象的大不一样。

美国学者劳伦斯·彼得（Laurence J. Peter）和雷蒙德·赫尔（Raymond Hull）对晋升现象进行了一系列的研究。他们发现，在组织中广泛存在一种现象：当一名销售明星被晋升为销售经理后，个人业绩和团队都会下降；一位资深技术人员被提升为部门经理之后，也会出现不胜任新岗位的情况。人们似乎总是从一个擅长的岗位，被提升到一个最终可能不能胜任的岗位中。两位学者将这一现象命名为“彼得定律”。彼得定律对企业和个人都是一种负担。对组织而言，管理者无法胜任工作，会造成部门绩效低下、士气低迷、团队涣散；对管理者而言，失败的管理也会造成极大困扰，最后很可能以离职的方式来摆脱压力。

彼得定律真的无法破解吗？未必。

在任命前增加一个新环节——晋升预备，就可以大大减少彼得定律的发生。在晋升之前，为潜在晋升者增加新的工作任务，目的是加强更高级别能力的训练和学习，从中核查和培养相应的岗位能力。对于高级管理者，这个过程会更严谨和漫长。许多大型集团的继任者计划就是如此。为了挑选最适合的 CEO 等高级岗位人员，首先要对候选人进行业绩评估和性格能力测试，从中遴选出一小部分，随后对这些人员进行针对性的能力训练，包括在职或脱岗的培训与开发、调到其他地区任职，或者提供有挑战的关键任务或重点项目等。当候选人在挑战中以卓越的成绩证明了他的才能，并成功超越其他竞争者，才能被如愿晋升。

>> 理论 >>>>>.. >>>>>> .彼得定律 >>>>>>>

美国学者劳伦斯·彼得（Laurence J. Peter）和雷蒙德·赫尔（Raymond Hull）在 1968 年提出著名的彼得定律：在各种组织中，很多雇员都会因为业绩出色，而接受更高级别的挑战，随后一直晋升，直到被晋升到一个他无法称职的位置才停下来。而每个岗位终将会被一位无法胜任工作的人占据。

Q: 对于新经理崭新的第一年，他会遭遇到什么样的挑战呢？

琳达·希尔在《上任第一年》中，详细描绘了新经理在第一次被提升到管理岗位时，遭遇的不同挑战及心理感受。

1 周

兴奋感： 新经理迫切地想要一展身手。职责、权限和工作内容的变化会给他们带来极大兴奋感，但有时人际关系的变化也会使新经理感到紧张。

1 个月

限制感： 大多数新经理会在兴奋期过后，感到失落和不适应。他们觉得和过去相比，被要求得过多，变得更不自由，并开始思考对策。

2~3 个月

压力感： 这时的新经理感到压力重重，像一个到处救火的消防员，花大量时间处理各类问题。和处理业务相比，他们发现管人更困难。

4~6 个月

责任感： 在经历一系列妥协和冲突后，新经理开始觉醒，意识到自己的责任是做管理工作，而不是让员工心满意足，责任感重上轨道。

6~9 个月

控制感： 新经理逐渐变得坚定和自信。他们更加注重维护公司的利益，并开始采用差异化的沟通策略激励和指导下属。一切都在掌控中。

9~12 个月

平衡感： 经过一年的历练，尤其在经历绩效考核和人际关系的磨炼之后，新经理逐渐具备了全局眼光，学会冷静客观地处理各类问题，并懂得在工作中权衡、取舍。尽管还不够成熟，但他们的个人管理风格已经初现端倪。

对于新经理而言，了解这些典型趋势，会帮助自己更好地适应环境、应对难题。但这并不是一种必然的规律。只有能够承受压力，不断学习和改善自己管理能力的人，才能通过这场试炼。他们最终会发现，伴随着卓越成绩、自己的管理视野和水平也在不断提升，这会将自己推向一个新高峰。

要管理好下属，仅有头衔和能力是不够的。作为一个新经理，往往还不具备高级管理者的成就光环，要想从零开始，管理好一个新团队，就必须深入了解团队。在开始实施新的管理策略之前，要让团队相信自己，并将这种信任根植在团队文化中。同时，新经理要控制自己不成熟的“变革”欲望，将团队能力培养和业务发展放在第一要务上，策略性地、循序渐进地解决现存的问题。

领导力变革专家约翰·科特曾对比过两个哈佛毕业生杰里和戴夫的工作经历。他们都通过自己的努力，找到一份非常好的工作，并担任管理工作，但一年之后，他们的情况大不相同。

>> 案例 >>>. 大刀阔斧的杰里和流水静深的戴夫

杰里毕业的时候，跑了 9 个行业的 20 家公司，参加了 30 次面试，最后选择了一家大型公司人数不多的部门做经理。他觉得这份工作令人感到兴奋，工作条件最好，而且工资也是最高的。

最初，杰里怀着极大的热情投入工作。第一个月，他把大部分时间都用于熟悉部门业务和了解部门问题上。两个月后，杰里觉得自己已经摸清了下属的长处和不足。上任三个月后，他便宣布了一个改进部门工作的计划。他解雇了一个人，然后向上司申请增设另一个人员编制。

很快，杰里就接到通知，上司要和他谈谈这一计划。上司表达了对计划的担忧，还问了些问题，有些问题令杰里措手不及。上司要求他暂缓改革，杰里不得不同意，但他觉得这摧毁了他刚建立起来的威信。

接下来的一个月里，杰里的部门又出现了其他问题。他力争推行的另一项计划，遭到了下属的抵制。这些冲突令杰里感觉十分沮丧。到了第六个月，杰里收到一份针对他部门的投诉。杰里认为这只是一个阴谋，但是公司的核查工作却让整个部门人心涣散。之后的情况变得越来越糟糕。部门人员互相指责，杰里的员工给上司写匿名信，没有人认为杰里是一名好上司。

情况维持到12个月的时候，杰里觉得他非常失败，“我连一封信都找不到人帮我打”，最后他只得黯然离职，另谋他职。

再来看另外一个故事。

戴夫找工作的时候，花了很多时间分析自己，反复考虑自己喜欢哪种人、哪种工作环境，最在乎一份工作的哪个方面。他接触了3个行业的10家公司，最后选定一份与他的目标和价值观相吻合，而自己力所能及的工作。

戴夫进入了一家中型消费品公司担任部门经理。戴夫在任职的第一周内花了很多时间来了解自己的部门。他了解到，部门最明显的不足是业务淡旺季的工作安排不合理。在旺季中，经常会因为业务繁忙、人手不足而出现工作失误。而员工最大的不满就是公司支持不够。戴夫利用第一个周末，写了一份报告，向分管总经理汇报自己的工作计划和进度安排。

他还邀请分管总经理在下次周会时，参加部门会议以示支持。部门成员一下子对新经理戴夫肃然起敬——此前，这位总经理从未来过这个部门。

在最初的两个月中，戴夫将重点工作放在与下属、上司和相关部门的重要人员建立良好关系方面。例如，他和下属逐一交换工作意见，通过统一团队目标和明确工作责任，使大家了解各自的重要责任。他鼓励下属提出符合公司文化的改进建议，不断优化自己的工作。

第三个月开始，戴夫设法改进部门工作规划，推进新的激励政策。由于他采取了温和的方式，新计划实施得很顺利。就连老员工也认为新政策比过去的更好。

到了第四个月，由于工作规划实施有效，在每年最忙乱的旺季，工作都被安排得井井有条，工作失误大大减少。部门员工承认工作虽然很忙，但自己的压力反而减轻了，管理层也注意到这一点。

戴夫向总经理建议增加对本部门的管理支持。总经理当即同意，部下们一片欢欣鼓舞。之后，戴夫的工作一如以往，井井有条并卓有成效。他继续与周围的人建立良好的关系，同时也获得越来越多的资源。每个月他都着手解决几个重大问题，但是，他首先考虑的是，自己是否有能力去解决、是否现在就去解决。比如，有些他刚到公司就察觉的问题，会留到第九个月才开始着手解决。

到第一年任期结束的时候，戴夫的部门绩效优秀，而他本人也在公司崭露头角，成为一位年轻有为的管理者。

杰里和戴夫都具备良好的专业技术能力，但从他们这一年的工作经历中可以明显地看出管理意识和经验的区别。

01. **工作机会筛选** 戴夫比杰里更懂得锁定目标，不浪费时间在无关的岗位上。在了解自己能力的基础上寻找最合适的职位，而不是收入最高的职位。

02. **人际关系管理** 戴夫比杰里更懂得扮演一个协作者。他积极与所有会影响自己绩效的关键人物建立良好的合作关系，以获得他们的最大支持。

03. **工作重点** 戴夫了解，要获得下属的支持和信任就必须了解他们的问题。并积极帮助他们解决这些问题。在解决问题的排序方面，他秉承先公司、后个人的原则。

04. **工作变革** 戴夫非常谨慎地进行改革，他认为潜移默化的变革更容易掌握和获得成功。所有问题都要分清主次，循序渐进地解决，只有确保自己有能力去解决问题的时候，才会着手解决。

管理者要理解，一切管理行动都与资源有关。在执行新的行动计划之前，应当有更长期、更全局的视野，协调资源、争取合作，全面考虑相关方的利益，才能在管理岗位上获得新的成功。对一个权力有限的年轻人来说，尤其应该如此。

结论

在新经理上任的第一年，大多数人都会经历兴奋感、限制感、压力感、责任感、控制感、平衡感六个阶段。新经理需要了解不同阶段的挑战，保持觉察能力，学会预防问题而不是追踪问题，并争取资源和求得合作。同时，新经理要控制自己的改革欲望，将团队能力培养和业务发展放在第一位，策略性地、循序渐进地解决现存的问题。在管理中，当人们能够这样要求自己，就能在工作的历练中变得逐渐成熟，并在管理岗位上获得新的成功。

第八章 职场社交发展

1. 职场丛林法则

职位越高，人际关系管理所做的贡献就越大。

工作中人际关系的重要性毋庸置疑。大量的人际关系从工作中产生，绝大多数人与工作伙伴在一起的时间远远超过家人。假如在生活中，很大一部分幸福感与我们最亲密的人，如父母、丈夫或妻子、孩子之间的和谐关系有关，那么人们对工作的满足感，也有很大一部分是与自己的直接上司、团队伙伴、直接下级和最重要客户的合作关系有关。

一个人是否善于建立和维护良好的工作人际网，对职业发展至关重要。通常来说，专业能力、管理能力和人际资源整合能力是通往职场成功的三大要素。随着职务升高，人际能力占的比重会越来越大，而专业能力的比例会相应减少。基层员工的工作价值主要通过工作技能表现出来；而对于高层经理来说，他们的工作价值更多是通过资源整合、培养人才和管理团队来体现。职位越高，人际关系管理的贡献值就越大。许多成功的领导者都非常擅长与不同的人打交道。他们能跨越行业和阶层获得商业同盟和支持。

职业经理人需要提升人际管理的意识和能力。只愿意执行事务型工作，而不愿意从事人际型工作的人很难胜任管理工作。只有当职业经理人懂得，不仅要努力培养专业性，也要投入时间，积极发展各种人际关系，才有可能在商业中获得更大的成功。

>> 案例 >>>. 一个投诉电话带来十多年盟友关系

前惠普公司的董事会主席兼首席执行官卡莉·费奥瑞纳(Carly Fiorina)被誉为美国第一女性 CEO。她曾掌管一个营业额超过 750 亿美元的企业，统领全球 14 万名职工，业务遍及全球 170 多个国家，连续六年被美国《财富》杂志封为“全球最有影响力的女性”。

卡莉在早期职场生涯中，曾在 AT&T 公司当实习经理，工作内容是负责推销长途电话业务和电话设备。尽管工作乏味，而且压力很大，但她非常努力，行动积极果断，对待客户总是既热情又尊重。卡莉很快在这份工作中展现出非凡的推销及人际沟通的天赋。卡莉不仅在工作上投入了很大精力，她也特别留意发展公司内外部的人际网络。美国科技公司的总裁鲍勃·诺林曾经因为向 AT&T 打了一个投诉电话，而与卡莉发展出十几年的私人友谊，而鲍勃本人也成为了惠普公司董事会中卡莉最忠诚的盟友之一。

工作中的人际关系大致可分为三类：

01. 第一类是核心关系：指与本公司或本部门同事、上司、下属及其他部门交流密切的联系人；

02. 第二类是业务关系：顾名思义是由于业务来往而产生工作联系的人，主要有客户、供应商、协作单位、各级政府部门或各类组织机构的办事人员或负责人；

03. 第三类是活动关系：是指在工作之外，经由参加各类行业活动而结识的人，主要是其他同行、竞争对手、业界专家、媒体人员及其他各类管理者。

随着年龄的增长和阅历的增加，人们的人际网络会源源不断地延伸。丰富的人际关系会带来的大量社交活动和机会，也会给人们带来困惑和忙乱。

人们到底应该花多少精力和时间，去管理越来越多的人际关系呢？

人际关系不在于多，而在于有效。对于一个职场新人而言，最重要、最需要花心思去打理的关系，就是在你工作环境周围与你关系最密切的一类关系，也称作“强关系”。强关系包括你的直接上级、联络最密切的同事、直接下属，以及合作最多的重要客户。忽略公司内部的“强关系”，在工作上不钻研投入，而把心思放在如何参加各类行业活动聚会，热衷于认识某些名人，借势上位等，只是一种投机取巧的做法，本质上来说，也是一种无效的做法。因为从长期来看，没有核心价值的作秀或借势不可能得到真正的成长，缺乏实力的人最终无法长久站立在更高的位置上。

如何与上司相处

在职场中，几乎每个人都有上司。每个有事业心、强烈内部驱动的人都应当在完成本职工作之外，思考如何进一步向上管理上司。

你可以向自己提出以下问题：

Q1: 我与上司的关系如何？

Q2: 我是否了解上司对自己的工作要求、工作评价、态度和期望？

Q3: 我是否了解上司当前的工作重点、目标、风格和主要压力？

Q4: 如果希望上司给予我更多指导和支持，我需要怎样做？

如果你从没有思考过这些问题，则意味着你在与上司相处方面并没有做到位。

上司对下属的管理模式是 1 对 N，下属仅占据了上司注意力的 1/N。但对不同的同事来说，N 并非是同一个数字。也就是说，在同一个团队中，并非所有下属都能够获得上司同等的对待。不同的员工获得个性化的辅导时间、公司内部资源支持、有价值的任务机会，晋升和加薪机会都有显著差异。只有当下属绩效优秀、并且更加积极主动，与上司沟通密切时，才有机会获得上司更好的辅导和支持。

面向上司的人际关系丛林法则是：“适应上司的管理风格，协助决策，创造价值。”下属首先要尊重上司的管理风格和工作习惯，迅速熟悉他对工作的标准，这样能确保沟通顺畅，交出让上司满意的工作成果。

不管你遇到的是与你非常投缘的领导，还是与你自己性格迥异的上司，一定要从中立的视角观察其管理风格，并作出相应的配合。在工作沟通环节，下属要尽量做到直接、高效、严谨，举一反三。在上司许可的前提下，保持工作处理的灵活性，尽量减轻上司的决策负担。对于不确定的问题，下属尽量提供两套或以上方案备选，并要在方案之间做好对比。在工作汇报环节，要适当展示自己的工作思路及工作风格，让上司尽快察觉到你的潜能和责任心。

如果想让上司对你产生更多期待，给予更大的挑战让你完成，除了严谨和忠诚，还需要在工作专业性方面表现出色。

大多数人都会被自我观点和现实状况限制，而无法看清完整的事实。例如，普通员工对于公司的绩效考评，往往感性认识大于理性认识。员工通常认为自己非常努力敬业、任劳任怨，理应在绩效考评上得到高分。但从理性的角度去观察，上级会发现员工存在诸多问题：许多加班是来自工作安排没有效率；在项目管理中，过于注重细节，缺乏对整体性的推动；管理中把关系看得比成绩更重要；不敢批评能力不足的下属等。而理性的下属能够做到从组织角度、长期角度去看待问题，往往能够更好地理解公司的政策、行动纲领和规划等，也能积极配合公司新的发展而做出的变革。

成熟的下属能够保持“直升机视角”，也就是高屋建瓴地观察事物，从上司和组织的角度思考问题。他能够将经过整理和分析的数据信息、知识或经验，以及自己的判断及对策积极贡献给自己的上司，协助上司做出更好的决策。当上下级能够站在同一视角，共同探讨交流工作方法，合作完成任务，协作关系就会由于共同的利益而衔接起来，而双方关系也自然而然得到深化。

一位普通高管的工作量，要比一个普通职员大得多，也复杂得多。管理者时间宝贵，有太多的事务需要处理，对他们来说，看一页多余的文件相当于损失另一个重要的决策机会。作为高管的下属或助手，需要学会一套高效的工作方式，配合支持上司的工作。例如，保持工作的高效性、收集更有效的信息等，以帮助上司节约工作时间，提高决策效率。麦肯锡咨询集团的“空雨伞”逻辑化表达技巧就是一个非常高效的汇报工具。

“空、雨、伞 ”这三个字简明地概括了人们应当如何进行逻辑化的表达。第一步，“天空”是指对事实的观察，往往意味着对现实状况的总结；第二步是“雨”，是对状况的进一步解释，也说明了事物的具体含义；第三步，你决定“带伞出门”。意味着对刚才状况问题的具体解决方案和行动。

空	雨	伞
天空乌云密布，天色灰暗	好像是要下雨了	带伞出门
事实	解释	行动
现在的状况	具体的意义	具体的解决方案

与工作繁忙的上司沟通，还可以采用 1 分钟沟通法，具体方法很简单：“关于某某项目的事，可以占用您 1 分钟的时间吗？”等对方同意之后，再用 30 秒钟时间提出三个要点，余下的 30 秒钟等待对方答复。使用这样的技巧，能有效争取上司的关注和时间，当然，如果你表现优秀，就能赢得更多的交流和辅导时间。

为了保证以最快的速度，提供上司所需要的信息和资料，下属还应将自己变成文件管理系统专家、信息筛选专家和工作简化专家。例如用各种颜色标签区分不同类型的文件。将精简后的材料提交给上司以便快速浏览和处理。

优秀的下属会特别注重工作逻辑。他们不仅满足于完成工作，还会认真研究工作背后的细节。无论成功还是失败，他们总是能够非常细致地观察、深入分析，研究问题的因果。正因为如此，他们才可以在每一次的工作中快速进步。

如何与同事相处

对同事的丛林法则是："尊重并理解不同部门的利益，保持目标一致，合作双赢。"

绝大部分工作，都需要多人协作甚至多部门配合来完成。工作难度越大，组织协作的比重就越高。在公司内部多交一些志同道合的朋友，尤其要和经常交流合作的同事增加交往频率，平时多做感情投资，留意同事们的工作内容，如果能力所及，可以适时为其提供方便，也会给工作带来不少帮助。

同事之间的关系需要秉持合作双赢的原则，工作中多从对方角度去思考，理解不同部门的不同利益。交流时注意就事论事，不把矛头指向他人。如果遇到矛盾，应当尽量避免争论谁是谁非，而应该讨论如何解决问题。前者聚焦于过去，容易引起冲突，后者聚焦于未来，不易引起冲突。万一遇到严重冲突，也要保持冷静客观，告诉自己"所有人其实都不愿意主动和他人起冲突"，"工作中的问题，应当用工作技巧来解决"，并且检查自己是否用个人立场来代替工作态度，努力化解问题，避免事态升级而伤害同事之间的感情。

>> 案例 >>>. 提建议时要换位思考 >>>>>>

安迪是一位非常优秀和聪明的年轻人。作为一位设备工程师，他的工作是负责报告工厂生产线的运营和设备效率的情况。他进入公司不到半年，就对整个公司的生产线和设备的情况了如指掌。在一次例行的生产会议上，安迪兴奋地向生产总监展示他这段时间对生产线工作绩效改善的方法和效果。他满心以为生产总监会大为高兴，并嘉奖他这种为公司着想的精神。但是万万没有想到生产总监提出一系列问题："你有没有和厂长沟通过？工人在生产线上遇到的最大障碍是什么？怎样才能帮助工人改善工作条件，提高工作绩效？"安迪有点吃惊："为什么要问厂长？我觉得如果问他的话，厂长会觉得我们认为工人工作不努力。他可能会不高兴。但是我可以做一些事情，真的帮助他们提高效率。这样难道有问题吗？”生产总监耐心地解释道：“可能会有两种情况。一种是你在没有经过讨论的情况下，就直接在会议上介绍自己的做法，另一种是你和厂长合作，共同与生产线上的工人开会沟通，了解工人的问题，以便让解决方案更加符合工人和厂长的期望。”安迪承认，后一种情况更有效。于是他们坐下来讨论该如何更有效地和厂长、工人进行交谈。他们聊得非常细致，设想了不同的问题、可能的回答，甚至考虑到开会的时间如果是在下班之后，应当为工人准备比平时更好的晚餐，使这样的会议更受人欢迎。安迪非常感激他的主管能提供这么好的指导。

在一个组织中，所有部门都被联结在同一个价值链中，换言之，任何一个部门的工作绩效、工作流程的细小变化，都可能会影响到其他部门或同事的工作内容和绩效表现。如果人们对此缺乏敏感性，只是从自己便利的角度，贸然提出一些新的想法和方案，很有可能会对其他部门或同事造成损害。即使新的方案非常有优势，如可以帮助改进效率、降低成本或者增加新的客户，公司也必须综合评估整个组织受到的影响，谨慎地采纳。无论新的方案有多么明显的好处，如果没有与公司的管理者或者与其他部门的利益相关者保持目标一致，很有可能会遭遇失败。

如何有效管理下属

对下属的丛林法则是：洞察并理解下属的能力及个性特点，激发潜能，培养团队。

大多数人通过管理自己达到卓越，这是可以控制的，但作为上司，必须通过管理不同人组成的团队达成卓越，这是未知且难以控制的。为了达成团队的卓越绩效，管理者需要学会引导、沟通以及和团队成员紧密协作。

辅导下属成长是领导的重要职责之一。《论语·尧曰》有言："不教而诛，谓之虐。"意思是，如果管理者事先对下属不予以教化，不告之行为的规则，等到下属犯了错，就立刻进行严厉的处罚，这是一种赤裸裸的虐政。

在工作中，由于下属资历浅、经验不足、工作质量和效率通常都不能尽如人意。因此，上司一定要明确告知工作目标、行动要领、重要环节，甚至是沟通的频度，展示正确的方法，并确认对方是否清晰了解。假设你有一个项目，希望员工在两周内完成，那么就和你的员工商定好在一个中间节点进行回顾和检查。如果对象是资深员工，可以适当授权，同时约定定期回顾进度，发现问题及时纠偏；如果对象是一位新员工，就需要给予更多的监督和指导。

上司在交代工作任务时，应完整沟通任务的七大细节。

- 目标：这件事情要达成什么目标，短期目标和长期目标分别是什么？
- 做什么：具体要完成什么工作内容，标准是什么？
- 如何做：有什么样的工作安排和计划。
- 时间节点：开始和结束的时间，中间有哪些重要的环节需要确认进度和质量？
- 何人参与：谁是负责人，谁必须参与，谁可以参加？
- 使用地点或场景：工作成果是应用在什么场景或地点，有何要求（必须）或限制（必须不）？
- 预算：总体预算及部分预算，是否存在浮动空间？
- 危机处理：如果出现意外情况，应该按照什么标准或程序去处理，在什么情况下需要上报更高级别的主管，什么情况下可自行处理？

上司需要定期保持与下属的沟通，了解下属工作状态。通常来说，短时间的多次沟通，比长时间的单次沟通效果更好。经验丰富的管理者会与直接下属保持至少一月一次的面对面沟通，采用差异化的方式进行辅导。此外，还有大量随机沟通，例如午餐时或者加班后。

在所有辅导沟通中，有两类主题沟通最具挑战性：批评和绩效评估。沟通前，上司必须考虑下属的风格、经验和主动性，做好充分准备。总体来说，所有的沟通内容都应当是建设性的，从事实和数据出发，帮助下属看到不足和可以进一步提升的地方。上司要通过深入沟通，分析员工目前的状态和绩效水平，判断员工在工作动力、能力、心态方面的情况，并提供相应的对策，进一步发挥员工的潜力。除非是年度评估，否则尽量不要同时做正面和负面的评价，因为这会让员工混淆你的主旨。

结论

建立和维护良好的工作人际网，对职业发展至关重要。随着阅历增加，人际网络也会不断延伸。职场人应该重视在工作环境中与自己最密切的关系，包括直接上级、协作较多的同事、直接下属，以及合作最多的重要客户。以成熟理性的风格、合作双赢的态度，积极进行职场社交管理，就可以在职场上获得更大的成功。

2 如何寻找自己的职场贵人

绝大多数成功者都声称，在他们年轻的时候，曾接受过多位职场贵人的帮助和指导，并因此改变了人生轨迹。

不管是刚毕业的职场新人，还是已经颇有成就的职场达人，你总是在某些时候，需要有一个“在某个方面有丰富经验”的贵人给你一些有用的建议。贵人的概念比职场导师更广。贵人可以是在你从事的领域中更有经验、能力远超同行的专业人士，指出你的问题并帮你改善的人，也可以是激发你的内在动机和潜能的人，甚至是在生命某个阶段改变你的思维方式，帮你打开一个新世界的人。他们不仅从现实角度为你提供工作和生活上的指导，更能够帮你升级自我、创造新我。

真正的贵人不一定比你更年长，也不一定声名显赫。所有那些能够给予你新的视角，帮助你发现机会和自我的人，就是隐藏在你身边的贵人。

在工作场所找到导师是最常见的情况。一项研究显示，通过公司正式项目找到专属导师的女性，其升职的可能性比没有导师的员工高出 50%。当随意的、非正式的指导关系，转向更正式的合作关系时，双方沟通的信息量、互动频度、反馈速度都大大提高了，自然会产生更好的效果。当然，导师的辅导并非随时随地，他们中的大多数人都在公司承担了重要的岗位，工作量和压力也很大。很少有导师能够花大量时间去指导辅导对象。即使在某些正式的领导力辅导项目中，导师和辅导对象的交流时间也只限于每个月几个小时而已。但对于能够敏锐学习的人来说，这些指导已经非常足够。

大多数企业高管和成功人士并不会以同样的态度来帮助所有的人。在职场上，导师会本能地投资给那些才华出众、品德良好、学习意愿高的人。换句话说，并非“找个导师就能变优秀”，而是“如果你能脱颖而出，就能得到一位好导师”。导师对于辅导对象的筛选，大多是基于其外在表现和内在潜力。只有当他们注意到，某人表现出比常人更强的能力和学习意愿，更优秀的职业素养，他们才愿意花时间和精力来培养对方。

《引爆点》一书中谈到了一个常见却易忽略的现象，作者马尔科姆·格拉德威尔将其称为个别人物法则（Law of the Few）。法则认为，在传播效率上，并非所有的联系人都起到同等作用。只有三种关键角色会发挥更大的作用，这三种人被称作联络员、内行和销售员。

● 联络员

他们通常认识大量的人，维持着大规模的弱联系，称得上是小世界中的社交经纪人，他们几乎不会拒绝社交关系的请求，也不回避信息传播请求，他们乐于在简单、随意、广泛的社交中获得快乐。

● 内行

他们是你所研究或传播的信息领域的资深人员，对信息内容非常敏感，对信息传播者并不在意，因为即使不认识你，他们仍然会因为足够优秀的内容信息，想方设法给予最大的传播力度。由于他们的专业水准和口碑，在这种渠道中，会得到最佳的反馈效果。

● 销售员

销售员是完成所有传播过程中“最后一公里”的人，他具备良好的说服力，通常会以亲身例证来证明信息的可靠度。反过来说，由于“销售员”为人可靠，人们通常会因为信任他，而信任他的信息。这也是为什么我们不会去打开自己订阅的信息，而经常打开朋友所发的“网络链接”的原因，因为我们确信这些信息对方已经查阅并认可，这被称为“信任状”。

如果你希望得到一位素不相识的专家的指导，你至少要做好以下准备：

渠道： 通过社交网络发布信息，寻找有可能认识这位专家的朋友。这位朋友可能是联络员、内行、销售员中的一位。大多数时候，你都会有所收获，甚至会有陌生人愿意牵线搭桥。

介绍： 简洁地介绍朋友和自己。让对方知道你是谁，以及你的专业领域，便于对方判断是否需要花时间来帮助你。你可以选择最传统的邮件沟通方式，也可以采用对方常用的其他社交渠道，如微博、微信及微信公众号、LinkedIn 或其他平台沟通。在这个环节，礼貌和耐心非常重要，切勿因为急躁而频繁催促对方回复。

内容： 精心准备要咨询的问题。提问之前，要对问题进行基础的研究和整理，并确保逻辑清晰，表达严谨准确。不要问一些通过搜索引擎就可以获得答案的问题，切忌错别字和语法问题，这会给对方形成一种敷衍潦草的负面印象。专家工作繁忙，不会浪费时间去帮助一个行事马虎的陌生人。

意愿： 表达自己的服务和贡献意愿，让对方了解你的能力范畴，积极贡献自己的能力和资源。

反馈： 对每一次沟通，都有积极及时的反馈。在征得对方允许的情况下，在平台上分享沟通内容和你的感受，帮助对方拓展他的行业知名度和信誉，同时也在社交平台上，建立你“交友广泛，乐意协作”的标签。

如果你认真做足这些准备，会有越来越多的贵人出现在你的周围。

从另一个角度思考，假设你是被请教的对象，你同样需要一种理性助人的策略，这样可以更有效地利用时间，将你的价值提供给更值得帮助的人。

筛选对方的资质是第一位的。首先要将那些缺乏基础礼仪、逻辑混乱、性格偏激的求助对象排除出去，优先帮助那些认真得体的人。

其次，界定对方的行为模式。可以按照对方的行为模式，将对方归类为索取者、给予者或平衡者。索取者是指那些向他人索取资源和帮助，但却不愿意付出的人。给予者与索取者相反，他们更愿意无私帮助他人，经常通过引荐熟人、解答咨询、提供知识分享来帮助他人，而且不求回报。给予者的最大风险是陷入无限的请求而丧失自我。平衡者介于前两者之间，他们能很好地平衡索取和付出。

最后，放大帮助的效益。尽可能公开一切助人行为。如果有人邮件求助，你可以询问对方是否可以先隐去个人隐私部分，在网络上公开发布答复，以帮助有类似困惑的朋友。

某一天，当你发现你也成为年轻人真诚请教的对象，如同当年你接受无私的帮助那样，你会将这份善举传递下去。帮助他人除了能证明你的能力，也让你拥有更多幸福和善意回报。你在建立更好的职业声望的同时，也拥有了为数不少的拥趸。

结论

无论是职场新人，还是职场达人，每个人总会在职业发展的某个阶段，需要一位有经验、有格局意识的职场贵人给予辅导和建议。从广义来看，那些能够给予你新的视角，帮助你发现机会和自我的人，都是你的职场贵人。值得注意的是，要获得职场贵人的帮助和指导，并不是幸运的象征，更有可能一种策略性的努力。职场导师会本能地投资给那些才华出众、品德良好、学习意愿高的人。你可以通过树立良好的职业形象来寻找合适的导师，也可以在网络上，通过充分的准备，主动接触优秀的成功人士，与对方建立良好的辅导和合作关系。

3 社交等级提升与价值整合

他人会根据我们在其工作和生活中所起到的积极作用，来衡量我们与他们的关系。

古今中外都有人际投机客，以及信奉“成功不在于你有什么能力，而在于你认识什么样的人”教条的人。他们确信，一旦你认识了某些重要人物，就有可能带来一个新的机会，甚至能改变一生。于是，有人整天东奔西走，热衷于参加各类聚会活动；有人则挖空心思挤入上流圈子，结识各行各业的牛人；还有人加入了千人交流群，每天花好几个小时在各种社交软件中。

事实上，单纯以时间和精力的投入作为代价，而忽略自身能力的局限，想要获得理想的人脉关系，是绝不可能实现的。

人的精力和时间有限，不可能无限制认识无限多的人。诸如“每年认识 200 个人，并和其中 50 个人成为朋友”这种诱人的建议，从实际操作上来讲是行不通的。人脉并不像“六度分隔理论”所阐述的，可以无限制延伸。人脉并不存在滚雪球效应，你认识的六个人并不能为你带来同等关系的 36 个新联系人。无论一个人在他的数据库里拥有多少人的联系方式，有效交流的上限不能超过邓巴数理论的规定。

>> 理论 >>>>>.. >>>>> . 邓巴数理论 >>>>>>

牛津大学进化人类学教授罗宾·邓巴发表了一个有趣的“邓巴数”理论，人类的社交人数上限为 150 人，深入交往人数大约为 30 人，最亲密的关系只有 7 人。因为人的大脑新皮层大小有限，提供的认知能力只能使一个人维持与大约 150 人的稳定人际关系。邓巴数理论被认为是现代人力资源基础管理和社交网络的基础。

与其他灵长目近亲相比，人类之所以能应付规模大得多的社交圈，原因在于人类的交流模式。狒狒通过轮流抓虱子的方式来巩固感情，而人类采用谈话、交流、沟通、阅读、展示等更有效的方式聚到一起。正是语言使人类大脑的人际处理能力扩大到 150 人。除非在未来，人类能够发明比语言更高明的交流手段，或人类大脑处理信息的能力实现突破性增长，否则人类仍不能突破生理方面的限制，而进行更广泛的社交。

这意味着，无论我们用多大努力和多少时间投入到人际关系中，结果总是类似的。想想看，通讯录上的那些名字中可能 80% 的人，你一年都不会联系一次。随着认识的人越来越多，你无法分配你的时间和精力给这些新朋友，势必要减少和以前朋友的联系与来往。一旦人们往来的次数从一年 3 ~ 4 次减少为一年一次甚至没有的时候，人们之间的关系也就自然而然地疏远了。名字变成了一个无意义的符号，而不是一种关系，信任与合作更无从谈起。

美国社会学家马克·格兰诺维特（Mark Granovetter）提出，从沟通互动的频率来看，人与人之间的关系可以简单划分为强联系和弱联系。而衡量个人关系一般可以通过四个维度来判断：互动频率、亲密程度、感情力量和互惠交换。互动多、关系密切、感情较深、经常会有互惠交换的人际关系为强联系。

反之，不太来往、关系疏远、感情较浅、很少有互惠交换行为的人际关系则为弱联系。强联系大多集中在核心家庭成员、挚友、工作搭档、事业合作伙伴和主要客户之间，普通人的强联系人数一般在 30 个左右。弱联系则可能产生于任何社交来往之间，范围更为广泛，人数通常保持在 120 人以内。

另一个可行且有趣的判断方法是，观察朋友圈子的重叠程度。当两个人关系较弱或基本没有关系时，他们的朋友圈子重叠程度最小；关系非常强时，朋友圈子重叠程度最大。

根据马克·格兰诺维特的理论，真正能定义为强关系的，不仅是由于来往频繁，还包括关系亲密、有丰富的感情联系，以及双方之间存在较多互惠交换行为。因此，如果能将工作中经常见面沟通的重要关系人通过一些实际的互动，增加双方的感情联系和互惠交换，那么就能将职场上的普通关系转变成强关系。这就意味着，将上司转变成全力支持你的导师，将普通同事转变为亲密无间、互帮互助的同事兼好友，将下属转变成可靠的得力干将，将普通客户转变成非常信任、愿意不断推荐新客户，并且为你背书的“天使客户”。这样一来，其职业满意度将远远高出普通人，而职业发展道路也将是一片坦途。

值得注意的是，曾经的强联系也会因为双方互动的减少、能力水平落差，互惠交换行为的终止，而退化为弱联系。也就是说，即使你花再多的时间去开拓人际关系和增加人际交往，和你关系密切的人永远只有 30 个左右，而泛泛之交大概占了约 120 人。如果你足够敏锐，你会注意到，神奇的二八原则又一次发挥了强大的效用。

马克·格兰诺维特在他1973年的论文《弱关系的力量》中谈及如何获得工作信息。他发现，由家人、好友构成的强关系在工作信息流动过程中起到的作用很有限，反倒是那些长久没有来往的同学、前同事或者只有数面之缘的人能够提供有用的求职线索。他得出的数据是：在找到工作的人当中，通过强关系成功的只有31.4%，而通过职场上弱关系成功的则高达68.6%。

原因很明显：强关系的组成相似度高，从事的工作同质性较强，掌握的信息都是趋同的。而弱关系的交往对象可能来自各行各业，其社会网络异质性较强，由此获得的信息也更多元化。这意味着，由于关系强弱和信任程度的不同，强关系和弱关系在不同方面各有优势：从弱关系中获得的信息量更大更新鲜，通过强关系推动行动的效果强。

一个拥有30个强关系和120个弱关系的人，通常是如何打理他的人际关系的呢？一般来说，会有三种不同的人际关系维护方式，分别是点状、线状和网状方式。

点状的人际来往是点对点，处于人际圈中心的A会依次与他的朋友1,2,3分别联系交往，即A-1,A-2,A-3之间的联系。

而线状的人际关系，则是A-1-2-3之间的联系，即A会通过朋友1认识2，继而认识2的朋友3，不断通过已有人际关系，拓展人际网络。

网状的人际关系可以描述为A-1,A-2，A-3，A-4，A-(1+4)。我们可以看出，A在不同时间认识了1,2,3,4，由于发现1和4有一些共同兴趣或业务合作机会，出于双赢和帕累托最优（Pareto Optimality）的考虑，他为1和4互相推荐，促进真实联系及合作的发生。新的关系创造了新的价值，而他们的人际网络中又增加了一条连线1-4。这种联系越多，在人际网络中纵横交织的线就越密，最终，原本没有联系的人际关系就转变成高度增值的人际网络。

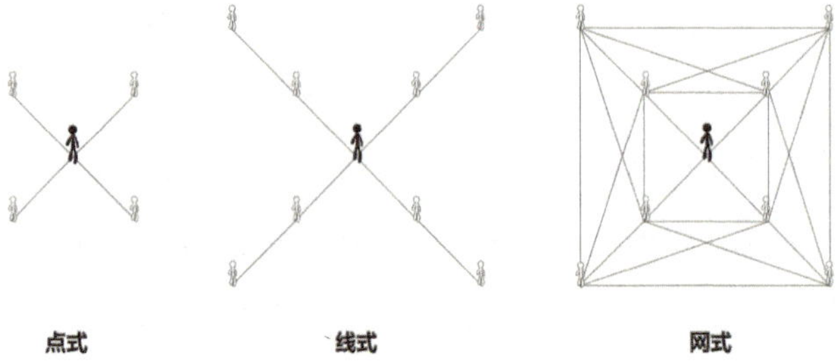

三种不同的人际交往模式

从本质上来说，这是一个微型“两面市场”模型。不管是谁，每个人都有自己独有的能力和资源供需。当他可以组织一面市场成员的资源和能力，并提供给另一面市场的客户，实现圈内的资源对接，两面市场就形成了。要完成这项工作，就要对圈内人员资源有充分了解并做好资源匹配的工作。这个工作本质上很简单，但人们很少会去想

>> 理论 >>>>>> >>>>>> 帕累托最优 >>>>>>>

帕累托最优（Pareto Optimality）是指资源分配的一种理想状态。假定固有的一群人和可分配的资源，从一种分配状态到另一种状态的变化中，在没有使任何人境况变坏的前提下，能使得至少一个人变得更好。因此，帕累托最优也被称为公平与效率的“理想王国”。

到这点并去实施。因为在大多数人际交往中，人们对自己的关注往往超过对其他人的关注。在与他人交往中，多数人是为了倾诉、提问、寻求合作、得到解答，但甚少花时间主动关心他人的需求和问题。

只要你善于留心，时刻保持对他人的兴趣和关注，让你身边的朋友进行资源对接和能力匹配其实比想象中容易。以下两种操作性颇高的方法可以一试，前者叫作“趋同”，后者称为“互补”。

01. 每当你认识一个新朋友的时候，尝试根据他的工作行业、兴趣爱好、家庭情况推荐另一位情况类似的朋友与他认识并交流。

02. 了解新朋友关心的话题，以及他最近希望解决什么样的问题，在你的人际库中寻找能够解决这个问题的人介绍他们认识。

>> 理论 >>>>>.. >>>>>> . 双面市场模型 >>>>>>

价值链模型中，企业对客户的认知仅局限于产品本身可以带来什么价值。但在两面市场商业模型中，客户不仅是服务的对象，还是可利用的资源。企业组织一面市场的资源和能力，提供价值给另一面市场的客户，这往往超越现有的需求，建立一个新的生态系统。企业可利用的资源不仅是企业本身的资源，还包括生态系统中所有成员的资源。

如何增加交往中的情感关联？1998 年，斯普莱恰在一项人际关系的研究中发现：人际交往中最能吸引对方并决定深入交往的人具有某些特定要素，他把 11 项影响人际交往的要素按权重进行了排序。

11 项人际交往影响要素		权重系数
个性	温和亲切，无攻击性	3.53
欣赏	相互的好感	3.26
观点	态度和意见与自己相似	3.15
兴趣	兴趣和爱好与自己相似	3.11
智慧	显著的聪明才干	2.90
技能	社会技能和自己相似	2.82
背景	家庭背景和自己相似	2.80
事业	成功的职业或事业	2.58
物理距离	住得很近	2.55
外表	外在的魅力	2.40
经济实力	金钱资产	1.43

通过这张表可以看出：社交关系中，首先被甄别的是对方的个性风格这种关乎安全感的内容。如果在最初的交往中，过早表达出强烈张扬的个性，激烈夸张的言辞，超出一般的热情和关心，都会让对方感觉紧张、不安。其结果就是对方感觉需要更大的安全距离，从而选择推脱、撤退、拒绝。

互相的好感意味着双方都有值得欣赏的特点，这是一种双向的能力展示及交流。从心理学的角度来说，每个人都会对欣赏自己的人有特别的好感。因此充分展示特点，让对方留下深刻印象，同时挖掘对方的优点，表达欣赏之意，是一个相当有效的交友策略。

在11项影响要素中，相似性占据了4条，分别是观点、兴趣、技能和背景。在人际交往中，双方相似性越多，引发的共鸣就越强，越容易产生进一步的交往和合作。

智慧、事业因素也是构成吸引力的条件之一。人们倾向于与一些有稀缺职业性的人交往。比如医生、律师、法官、金融高管、投资人。独立创业者和某领域专家，由于体现出强烈的事业心和超人的自律性，也容易得到大家的尊敬和信赖。外表优势和经济实力在人际交往中也是考虑的因素之一，但相比其他因素重要性偏低。

从普通工作关系到深厚的知己，需要不断加深双方的了解，并在互动中频繁地给予支持和帮助，以产生信任。人们在选择可靠的伴侣，或者值得信赖的合作伙伴时的思维模式其实是一致的：通过对某人过去行为的了解，认知这个人的思维和行为习惯，从而对未发生的事情进行预期和管理，避免出现失控和利益损失的局面。

当对方在脑海中浮现出“对方的可信度如何”这个问题时，他们考虑的是对方的可靠性和专业度。信任公式如下：

$$信任 = 可靠性 \times 专业度$$

可靠性即品行：这个人品行正直吗？这个人一贯诚实和能够言行一致吗？意味着做事严谨细致、言出必行、责任心强，既能够控制客观事件对情绪的影响，又能自律地遵守各项规则和约定。专业度即能力：这个人的能力足够出色吗？这个人过去的成绩是否能证明他的相关能力？意味着较高的工作水平和良好的绩效。

能力本身并不足以产生信任，只有同时拥有可靠的品行和能力，才更容易获得人们的信任。

很多社交建设无效的原因就在于双方的能力差距过大，使价值交换不可能真正实现。有些人在人际关系建立方面犯了一厢情愿的毛病，他们不理解为何很多“一面之交”之后就再也无法继续联系。尽管他们付出了真诚、努力和耐心，但是由于缺乏关键的能力，关系仍旧无法建立。想一想，如果现在你有机会认识一位业界领袖，或者与华人首富在一起共进午餐，你能做什么？对方会对什么话题感兴趣？ 除了自拍 PO 上网之外，你能做的事情非常有限。一次美好的午餐到此为止，绝不会再有下一次。天使投资人查立的《给你一个亿，你能干什么？》一书，也提供了同样的思路：在自身能力缺乏的情况下，再多的人际资源、资金资源都是浪费，绝不可能持续稳定地产出价值。

有效社交的本质就是价值的交换。员工被雇用、商业合作得以成功，都是源自为对方创造了商业价值。而在人际活动中，价值同样普遍存在。不管是电话互致问候，还是邮件分享信息、见面加深情感，其实都是在传递某种价值。当价值不复存在，人际关系也会随之消失。这听上去似乎非常冷酷，却是不可否认的现实。如果一个朋友既不和你分享信息，在情感上也无法给予你支持和慰藉，更无法帮助你解决工作和生活中的任何问题，你们的关系必定不会持久。

双方在初步结识之后，能否互相传递价值，尤其是独特价值，是决定是否进一步交往的重要条件。也就是说，能互相交往，深入交流的双方之间不一定存在能力、地位、权力上的完全对等，但双方互相传递价值是良好稳定人际关系的基础。归根结底，别人会根据我们给予的帮助、投入的精力、施加的影响来衡量彼此的关系。

面对每一个需要交往的对象，不妨常常采用这两个问题作为社交的基础。

Q1: 我可以从对方身上学习到什么？（偷师对方，对内输入）

Q2: 在我力所能及范围内，可以帮助对方什么？（支持对方，对外输出）

需要说明的是，价值不仅特指经济利益，还指能够满足对方心理需求和物质需求的所有行为。价值对于每一个人来说，都有不同的涵义和表现形式。想象下你与至交好友的相处，再回忆一下你愿意交往和不愿意交往的关系，你就会承认，所有的人际关系要么是满足情感和心理方面的需求，要么就是满足物质和经济方面的需求。例如，在传统的商业关系中，价值可能体现为：

- 所有对对方生意、工作、事业有参考价值的资讯；
- 对方可能感兴趣的主题讨论；
- 对方希望认识的人；
- 对方希望参与的商业活动；
- 对方希望你能帮他完成的工作。

当你传递这些资讯的时候，也要留意对方的反馈。找时间和对方交流，了解这些资讯是否能够真正帮到对方，以及对方还需要什么方面的资讯。你对对方的需求越了解，交流就越顺畅。

在生活化的社交关系中，价值可能体现为：

- 某位朋友真诚而乐于助人，愿意倾听、支持和鼓励你，你都可以从他那里得到建议和鼓励；
- 某位朋友乐观、大度、性格爽朗，每次和他一起，心情都特别好；
- 某位朋友人缘广阔，为人可靠，每次有事拜托他，总是可以帮你解决问题；
- 某位朋友非常重视和你的关系，会留意你的近况，经常主动帮你介绍生意或朋友；
- 某位朋友非常信赖你，工作中的困惑和问题都会找你来交流，而你也可以得到启发；
- 某位朋友是企业高管，经验丰富，百思不解的工作难题到了他面前，就会迎刃而解；
- 某位朋友聪明爱玩、大方幽默，永远有说不完的有趣新鲜资讯和娱乐信息。

与你保持长期关系的朋友，同样也能在你身上找到他们所需要的价值。现在，请思考一下，你能为对方带来什么价值？其中有哪些属于你的独特价值？请多站在对方角度考虑。

所有你希望维护的关系都具备某种你需要的价值。所有人都是如此。如果人们无法向对方提供真正所需的价值，而只是通过技巧去建立人际关系，可以断定，这种人际关系都是脆弱的，只是表面繁荣，不可能长期稳定。

结论

从普通工作关系到深厚的知己，需要不断加深双方的了解，并在互动中频繁地进行支持和帮助。人与人之间的关系可以通过四个维度来判断：互动频率、亲密程度、感情力量、互惠交换。双方在初步结识之后，能否互相传递价值，尤其是独特价值，是决定能否进一步交往的重要条件。双方之间互相传递价值是良好稳定人际关系的基础。归根结底，他人会根据我们给予的帮助、投入的精力，以及在生活中所起到的积极作用，来衡量彼此的关系。

第九章

打造职业云梯

1. 快速突破职业发展四个层级

用一个简单的策略，可以更快地达成这一目标，即在职业规划中的前十年快速突破四个层级。

LinkedIn 创始人里德·霍夫曼曾说，过去的 60 多年间，人才就业市场的运作方式就像一个自动扶梯。人们在大学毕业后，就站在了扶梯的最底端。之后，随着工作经验的积累，人们会在职场扶梯上稳步上升，每升一级就为你带来更多的权利、更高的收入和更好的工作保障。但是，现在的情况就大为不同了。现在的职场扶梯上，每层都挤满了人，许多年轻人被困在了底层。

在传统职业生涯中，人们倾向于在一个行业或企业中垂直发展，而现在的人们更倾向于频繁地做出职业转换，平均供职时间越来越短。在传统职业生涯中，人们由于欠缺对自己跨界能力的培养，在职业选择中存在较大的限制，难以做出有利于自己的职业转换。

人的一生非常短暂，在职场上通常只有 35 年左右。在有限的时间里，要快速实现个人成长，主要取决于人们的发展意识和发展策略。职场有两个特点：第一，职场是金字塔。越往上走，人越少。对个体来说，意味着机会越小，难度越大。第二，职场没有顶端，只要愿意往上走，总是可以继续的。虽然不是每一个有理想目标的年轻人都能成为董事长、企业家和上市公司高管，但希望通过个人努力攀登到职场更高峰，仍是值得鼓励的。对大部分年轻人来说，只要有正确的行动策略，在进入到职场的前 10 ~ 15 年，成为一家中小型企业的高级经理、部门总监甚至副总经理，并非不现实。

舍弃缓慢的、拥挤的职场电梯吧。你需要的，是一个更加灵活、高效的攀登工具——职场云梯。云梯灵活轻巧、可自由移动，不被固定，没有限制，不受客观条件制约，只根据主观意愿，可以自由移动到任何一个地方，不管是横向或者纵向，可以按自己节奏和方向不受限制地前进。

优秀的职业人应当有明确的职业发展计划，有意愿主动学习，应对挑战；在发展过程中，要学会不断总结反省，每走一步，不管是跳槽、升迁还是转行跨界，都能仔细分析得失，不断提升改善。

云梯就是个人职业发展的行动策略。从现在开始，搭建你自己的云梯吧。

每一位对自己职业发展有要求的年轻人都应该牢记一件事：在职场早中期，在任何一个岗位都要做到尽量快速突破。“突破”意味着不仅能胜任岗位，做出相应成绩，还能够突破岗位职责，做出更大的贡献。如果仅是“胜任”某个岗位，有可能会在一个岗位上耗时多年而得不到提升。突破比胜任更高一级，能让主管意识到你的潜力超过目前的岗位要求，如果将你提升到一个更高的位置上，你可能会为公司做出更大的成就。这就是职业发展的最大本质。

不管在什么企业，所有的职位都可以根据管理责任大小不同，分成大致四个级别，依次是经理级、总监级、副总经理级和总经理级。

- ▶ ▷ 第一台阶 | 经理级别：从基层工作人员晋升为本部门主管或经理。
- ▶ ▷ 第二台阶 | 总监级别：从部门主管或经理晋升为跨区域或跨产品的总监。
- ▶ ▷ 第三台阶 | 副总经理级别：从单个业务单元的总监到兼任另一个非相关部门的负责人。
- ▶ ▷ 第四台阶 | 总经理级别：向上晋升为一把手，承担全局工作，担任总经理。

这四个台阶模拟了典型的职场成长路线：从最初的自我管理，逐步上升到辅导他人，进一步到管理更大规模的团队、管理多元业务，最后全面承担全局工作，负责根据市场环境制定新的战略，带领全体员工实现目标。

需要强调的是，上述四个级别与名片上的头衔并不是同一回事。真正的职位是根据承担的任务和职责决定的。在某些小规模公司，总监等高头衔的数量惊人，但究其实质，其实只是业务主管，仅对个人业务负责，无须承担人员管理、项目管理职责。而在一些规模较大的公司，虽然头衔仅是一位高级经理，但实际的工作职责可能需要掌握整个部门的全国性业务，工作职责等同于部门总监。

在工作早期，人们要学会去适应环境，利用一切机会，做难度系数更高的工作。如果已经胜任某一项工作，不要因为业绩优秀，长时间停留在这个岗位，而要进一步进行能力和业务的拓展深化，不断向上攀登。在进入职场的前十年，力争每两三年突破一个级别，最终顺利升到第四个台阶。在每个岗位上停留的时间太短，往往不足够深入了解行业，但时间过长，也有可能会错失发展潜力的机会。

最高级的管理者很少遵循直线发展的路线，更多是由于承担过不同区域、不同部门的高级管理工作，因为业绩突出而被逐渐提拔到更重要的位置上。越是高级别的管理者，越需要强大的综合能力，开阔及领先的视野，才有可能在复杂的工作挑战中获得理想的成绩。如果一家企业的经理人长时间从事单一领域的业务，即使到了四五十岁，担任了管理公司的高级职务，也会因为对财务或人事欠缺理解，不懂分析企业或业务技术，而难以胜任更高一级的管理工作。

第一台阶：经理级别

云梯策略：发展基础领导力

这是职业发展的第一个重要台阶。在这个阶段，新经理的主要挑战来自：能力从个人迁移到团队，新经理需要带领团队达成目标。

优秀的基层人员通常执行力较高，有较强的自我驱动力，比较擅长单打独斗，对于个人贡献带来的满足感非常重视。在这个阶段，新任经理的云梯策略是发展培养自己的基础领导力。他需要学会重新分配自己的时间，将对个人贡献的执着转变为对集体贡献的执着，将管理下属、人力开发作为工作重点。他应当详细分析每位员工的工作状态、成绩与潜力，了解他们的动力以及可以激励他们的方式，通过积极的绩效面谈和工作辅导，帮助每一位员工获得更好的成绩。同时，他还会尝试各种塑造融洽团队合作关系的活动，加强本部门成员的互相学习和进步以达到理想的团队气氛：成员贡献积极、互帮互助、不断突破目标，每一个成员对团队主管都非常信赖和尊重，每个人都有强烈的团队荣誉感，为身处这个团队感到自豪。

第二台阶：总监级别

云梯策略：加强综合领导力

在这个阶段，新总监的挑战在于理解不同项目、不同区域的差异，分析不同发展趋势，并给予不同的政策与指导。

新任总监的云梯策略是塑造自己的综合领导力。新总监应当与部门经理建立良好的信赖合作关系，同时积极拓展公司内外关系。控制和使用过去特定产品或区域的成功经验，更细致地分析新产品和项目，通过分析市场预期的变化，辨别可能采取的绩效标准。总监的位置越高，越要走到一线，关注业务来源、大客户和一线工作人员，获取真实的客户感受和期望，尽力为他们提供更好的工作便利，确保公司的产品、解决方案和服务具备最强的竞争性。

第三台阶：副总经理级别

云梯策略：塑造 T 型领导力

对职业经理人来说，这是一次全新的挑战，也是突破自己能力瓶颈最重要的一步。很多优秀的人才因为缺乏相应的意识和技巧，职业晋升道路就止于此。

工作 5 ～ 8 年的职业经理人，大多具备丰富的行业和项目实践经验，也有成功带领团队的经验。但过去的经验往往集中在熟悉的领域，如果不懂得如何拓展能力幅度，职业发展可能很难突破。例如，一位人力资源助理可能会慢慢晋升到招聘主管、培训高级经理、人力资源总监等职位，但如果一直不去熟悉公司的其他重要部门的业务，那么他在担任更高的岗位方面就缺乏竞争力。

在这个阶段，管理者的云梯策略就是提升 T 型领导力，确保自己既有纵深的专业能力，又具备横向的跨界能力。例如，IT 主管在逐渐胜任经理和总监职位之后，又成功地负责了一个新项目的建设和管理工作；销售经理在成功地担任全国销售总监之后，又分管市场部的工作。

部门内部有自有利益，外部存在沟通壁垒，为了保护部门利益，而不惜牺牲或损害其他部门利益的现象，有时也难以避免，实际上造成了公司资源的浪费和部门之间的沟通障碍。站在公司角度，员工先后承担多个不同业务单元的工作，并不是因为公司缺少人手，而是企业希望员工通过不同视角，了解公司内部流程、熟悉业务情况，从而有机会为企业创造最大价值。对于高管来说，情况也是如此。高管兼任多部门的管理工作，能够使他以宽阔的视角去理解公司利益，并平衡不同部门之间的关系。

通过兼任其他部门的管理工作，不仅可以验证学习能力、适应新环境能力，还可以证明重要的“管理幅度”，而这些能力，都是决定管理有效的关键。

第四台阶：总经理级别

云梯策略：打造战略领导力

距离职业生涯的最高台阶还有最后一步。在这个阶段，管理者的挑战是“打造战略领导力”，即如何确定企业发展焦点，在此基础上制定一个优秀的战略，并且带领团队有效地实施这个战略。

优秀的战略必须建立在前瞻性和全局性的基础上：外部的市场环境、客户需求、新的竞争者时刻都在发生变化；内部的资源、财务、团队也在不断调整。对于真正具备战略领导力的人来说，战略不仅能应对变化，更能积极引导新的变化发生。领导者应当是一个拥有勇气、胆识和市场智慧的人，能够在资源不足的情况下，大胆做出决策，通过设定一个远大目标，身先士卒地带领团队去挑战未来。

>> 案例 >>>. 三次拯救三家大集团的年轻总裁

瑞典的前北欧航空公司总裁詹·卡尔森有一个值得骄傲的头衔——全世界最年轻的航空公司总裁。詹·卡尔森多次临危受命，先后三次成功地拯救三家多年巨额亏损，濒临倒闭的大型企业。

1974 年，他年仅 32 岁便受邀担任瑞典最大的旅行社平安旅行社的总裁。当时公司共有 14000 名员工、21 万名客户。当年正值石油危机，整个航空业遭受重挫，平安旅行社也面临严重亏损的局面。詹·卡尔森带领团队研究了利润来源和客户的构成，并在此基础上大幅调整了人力资源结构和客户服务策略。结果，卡尔森在担任平安旅行社总裁的第一年，公司就创造了有史以来最高的利润。

四年之后，詹·卡尔森接任濒临倒闭的灵恩航空公司总裁职位。这是瑞典一家专飞国内航线的公司，规模比之前的平安旅行社更大。由于成本固定，他大胆地采取低价竞争策略，同时在管理方面充分授权，提高行政效率，增加客户满意度，努力使新客户沉淀成为公司的忠诚客户。在没有增加一名员工和采购一架飞机的前提下，旅客人数增加了44%。第一年，灵恩航空就由亏损8400 万美元转而盈利 10500 万美元。到了第二年，公司已转危为安。

又过了两年，詹·卡尔森再一次临危受命，接管北欧航空公司，这是他整顿的第三家公司。当时北欧航空公司已连续亏损两年，赤字高达2000万美元。由于北欧航空公司的营运成本已压得很低，不能采用降低成本的策略。要想摆脱困境，只有想尽办法提高营业额。他首先确定了北欧航空公司的发展目标：为商界人士提供最佳服务。凡是与此目标无关的预算一律删除，在此目标之下，先后制定了147个专案。结果，公司上下全体一致努力，第一年就增加 了8000 万美元的收入。相比之下，当年全球各国航空公司总亏损高达20亿美元，更加衬托出詹·卡尔森这一战略的卓越有效。

詹·卡尔森三次成功的企业管理和拯救行动，充分体现了他不可多得的管理才华。更难能可贵的是，他三次拯救面临困境的大型企业采用的是完全不同的战略。第一次在平安旅行社，他采用的是调整目标客户的战略，果断削减客户，放弃市场占有率，集中精力提高利润，在困难经济条件下获得生机；第二次在灵恩航空公司，他采用了相反的战略，大胆地采用低价竞争的策略，快速争夺新用户群体，迅速增加了市场占有率和品牌知名度；第三次在北欧航空公司，他独创性地将客户满意度计划提高到公司的战略层面，集中精力为商务客人提供最优质的服务，一年之内，就使北欧航空公司迅速成为全球利润最高的航空公司之一。

作为一个企业的最高管理者和战略制定者，务实的竞争能力分析和资源分析非常重要。总经理需要做的工作一般包括：掌握整个公司的财务和现金流情况，分公司 / 业务单元的经营现状、短期的关键问题和未来的发展前景，了解客户的需求变化和期望，了解以及员工对公司的整体看法等情况。

多数情况下，最高管理者的决策团队会提供大量的信息和建议，但最高管理者的最终决策职责仍是不可替代的，这要求最高管理者要有远大的眼光和缜密的思维能力，这可以帮助管理者洞悉先机、尽量消弭决策风险。在时间维度上，管理者既要长周期地看待战略结果，也要考虑短期的影响和利益，并努力平衡两者。同时，管理者也要学会立体地看待问题和机会，充分考量横向资源联结和纵向流程优化的不同变化组合和可能结果。

另一方面，无论一家公司的战略多么优秀，行动是战略实现的唯一机会。在战略执行的过程中，一定会面临大量的外部和内部压力。很多时候，执行战略的资源未必充分，但最高管理者还是需要在特别困难的情况下有勇气去做前人未做的事。更重要的是，企业高管在制定战略时应该非常清楚：所有已知、已见、已用的旧方法可以参考研究，但因为今昔情势不同，不要拘泥于过去的成功经验，也不能为了降低个人的管理风险，而轻率地沿用过去和他人的成功经验。领导者应当高瞻远瞩，洞察市场变化轨迹，既能识变，也能应变，不拘泥一法，才能在诡谲多变的商场取胜。

结论

如何在职业规划的前十年，分别跨越经理、总监、副总经理三大台阶到达总经理的级别？你需要的是一个更加灵活、高效的职场攀登工具——职场云梯。云梯就是职业人进行职业发展的行动策略，包含积极不拘泥于过去成功经验、主动拓宽能力领域、从基础的领导力到 T 型领导力，再到综合领导力，最后培养出强大的战略领导力。拥有云梯策略，就可以应对越来越复杂的挑战，并且能够以更灵活、更自由、纵横无阻的姿态攀登任何一座自己想去的山峰。

2 升职加薪的秘密

大多数人对于挑战更高的职位总是满怀热情，期待能够得到更好的晋升机会。

员工往往关注个人能力和企业岗位配置的关系。他们倾向于认为，如果公司发展迅速，岗位空缺就会增加，只要表现出色，就可以获得晋升的机会。他们的问题是："我们公司每年都会有晋升机会吗？在我这个岗位上，向上的通道是什么？"但是，从组织的角度，问题就变成了："我们公司在什么情况下会提拔人员？怎样挑选符合公司标准的候选人？"

不同的企业有不同的晋升标准和程序。但大多数情况下，管理者在考量升职者名单的时候，都会评估以下几个方面。

专业水平

显著的业绩对晋升来说是一条合格线。有业绩不一定能获得提升，但没有业绩一定得不到提升。企业会偏爱学习能力强和主动性强的员工。企业希望未来的管理者能根据企业发展的需求迅速掌握新的产品、市场、渠道和政策等知识和信息。如果员工具备基础管理意识，能够主动发现问题，并且有能力去解决问题，就会被作为候选人重点关注。

协作能力 减少内耗就等于增加产能。企业需要协作能力强的员工，他们可以充分提升团队士气，提高员工积极性，更好地进行资源整合。

管理视野 好的领导者和管理者有更高更广的视野，既能看清行业变化，又能判断行业趋势，对新技术和客户需求变化有深刻理解，敢于创新和尝试，不断突破过去。

品格意志 价值观端正，能站在公司立场和管理层面思考问题。即使对公司有意见，决不会在公开场合谈论。在关键事件上，能承受压力和打击，有担当精神，能够在巨大的压力环境下，坚持投入，从挫折和失败中奋起，并带领团队共渡难关。

能力是身价的核心，是升职加薪的基础。想要获得晋升，首先要学会在工作中正确地表现能力，将个人价值差异化，使自己脱颖而出。

假设工作完成质量有四个档次，分别是合格、一般、比较好、非常好，当我们执行普通工作的时候，情况通常是这样的：如果是合格，我们就会得到 D 的评价；如果完成质量一般，就会得到 C 的评价；如果完成比较好，我们就会被评为 B；只有当完成得非常好的时候，我们才会得到一个最高的评价 A。不得不承认，如果只是承担普通的日常性工作，不管你怎么花工夫，也不可能让上司非常重视。

如果执行的是复杂的项目型工作时，情况就完全不同

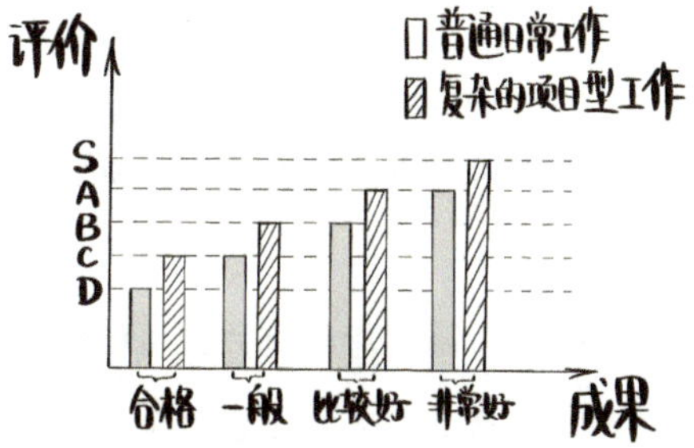

不同性质工作的评价标准

了。不管你完成质量如何，所有评价都自动上升一级。只要能够合格完成工作，我们至少会得到 C 的评价，如果完成质量一般，会得到还不错的评价 B；如果完成比较好，就可以评为 A 级。而当我们完成得非常好，我们会得到一个意料之外的评价 S（Super）。

结论就是：普通的日常工作和复杂的项目型工作，受到的关注程度和评价是完全不同的。

为什么项目型工作可以有这样的评价体系？由于公司级别的项目型工作往往是工作发展重点，因此，管理者会给予项目更多的资源和关注。一旦你参与项目型工作，就有机会和上级主管进行更多、更密切的沟通，使上级主管对你的工作能力、态度、方式和思维都有更深入的了解。

工作需要体力和脑力，但是能够得到好评的几乎都是思考型工作。在工作中积极动脑、主动创新，容易反映出工作者的个性、风格，在工作表现形式和结果上会形成鲜明的个人特色。而普通的日常工作，不管谁来执行，结果总是大同小异。另外，项目型工作一般都有较长的工作周期，虽然不一定意味着期限宽松，但总体来说，较长时间的项目周期有利于思维的沉淀，同时也给予了项目人员之间大量的沟通协作机会，也有机会在细节方面进行改善和优化。

所以，我们要尽可能去争取一些更重要的、复杂的项目型工作机会。

但在公司内部，日常工作与项目型工作长期保持悬殊的比例，后者要比前者少得多。假设每个人都想要做更有价值的项目型工作，应该如何做，才能获得这样的好机会呢？答案很简单：在日常性工作中，追求卓越，毫无保留地展示当前实力和未来潜力。

展示实力意味着不要受工作指标的限制，故意隐瞒自己的实力。IBM 公司会把某些销售员称作“101 销售员”。这些销售员的实力很强，可以轻而易举地完成销售指标，但是他们往往在快要达成指标的时候放慢自己的脚步，精确地估算未来可以达成的业绩，直到业绩完成率达到 101% 就停止了。他们担心完成率太高，公司会在第二年大幅提高业绩指标，但是追求卓越和完美表现的人，绝不会因为指标高低，而限制自己的潜力。

最糟糕的情况莫过于，因为收入不理想，而故意将自己原本是 A 的工作水准，降低到 C 的水准。他们振振有词地说：“公司给多少钱，我就办多少事。”而上司、同事和客户则会认为：“这个人果然水平不行，责任心也不强，绝对不适合提拔。”

把每一份工作都当作展示自己实力和潜力的最好机会。不要仅根据岗位职责要求、毫无特色地完成工作，而是在现有的基础上，不断追求卓越，体现出你的差异性价值。

如果你接受某工作任务，成绩可以达到 70 分，而你的同事也可以达到 70 分，那么你的价值并不是 70 分，而是零。当你的同事可以做到 75 分，而你可以做到 85 分，那你的价值就是你们的差值部分——10 分。如果你不愿意比别人更优秀、更努力，不愿意脱颖而出，你就有可能会被认为价值为零。可以经常问自己，我和同部门同事有什么区别？我和一年前的自己比起来有什么区别？如果你觉得很难回答这个问题，那么你的差异性价值就无从体现。

如何体现你的差异性价值呢？

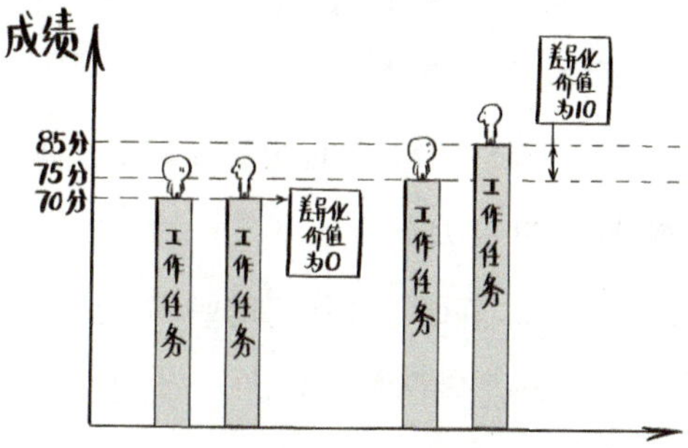

工作的差异性价值

▶ ▷ STEP.1 | 明确公司或部门的近期重点

把握重点，让自己的工作能吻合公司的战略和行动方向。

▶ ▷ STEP.2 | 了解上司、同事、客户所关心的事

你应该平时就关心老板上司“特别想提高的”、“特别想解决的”是什么，并思考你手上的工作能不能在这些方面做出贡献。

▶ ▷ STEP.3 | 推测上司或客户的对于工作的期待值并努力超出

找到日常工作中不被人注意或不为人知的细节，根据对方对此工作的期待，做出超出对方预期的工作。

▶ ▷ STEP.4 | 思考工作成果的使用者和使用场景

推测谁会使用这一份工作成果？会在什么情况下使用这份工作成果？无论

是谁，为对方提供方便，对方会因为工作变得轻松或更有质量而感谢你。

▶ ▷ STEP.5 | 想象“继任者”和“竞争对手“的行动

如果你接手他人的工作，多半会找出前任工作上的很多问题。从第三方的角度来观察，总比找自己的问题要容易得多。把自己想象成一位继任者，为自己的工作找问题，并努力解决这些问题。

▶ ▷ STEP.6 | 随时提供惊喜

让工作伴随惊喜，可以从速度、便利性、补充信息为切入点，改善工作细节。例如比承诺更早地完成工作任务或者提供一些增值的服务，让对方工作更为便利，甚至在报告最后附上一两句个人心得或建议，都会让对方感受到惊喜。

▶ ▷ STEP.7 | 通过数据分析发现隐含信息

如果你的日常工作已经不断改进，已经没有余地再修改调整，你依然可以将工作进行数据分析，发现原本被隐藏的信息。

思考题

日本管理之神大前研一为所有的职场人士出了一题非常有趣的题目，被看作是晋升准备的思考题：

你认为你们公司应该解决的最大问题是什么？如果你的职位比现在高两级，为了解决这个问题，首先你会做什么？但是你的公司为什么不这么做呢？请列举三个不这样做的理由和解决方法。

人们一旦向自己提出这样的问题，就意味着开始理解即将来到的复杂挑战，并着手实施具体的行动，如新的领域与技术、待开发的市场和客户、不确定的战略，以及需要处理的与此相关的事。

结论

能力是身价的核心和升职加薪的基础。想要获得晋升机会，首先要学会如何在工作中正确地表现能力，将个人价值差异化，使自己脱颖而出。不同的企业有不同的晋升标准和程序，大多数情况下，管理者在考量升职者名单的时候，都会从专业水平、协作能力、视野格局、品格意志几个角度进行评估。复杂的项目型工作要比普通的日常工作更容易得到关注和好评，因此，在做好自己本职工作的同时，要尽力争取一些复杂的项目型工作。把最普通的工作当做展示自己实力和潜力的最好机会，不断追求卓越，就可以获得更多优质工作机会，这就是晋升的来源。

3 跳槽转行的思考和决策

任何有跳槽转行念头的人，在做出决定之前要做的第一件事就是重新审视自己当前的工作。

现在的年轻人很难做到一辈子只拥有唯一的工作，他们会更赞同“忠于职业，而非忠于企业”的职业观念。为了更好地发展自己，跳槽或者转行是职业生涯中非常重要甚至是必不可少的。但有时候，人们又走向另一个极端——轻率地跳槽或转行。很多人在30岁之前，甚至已经拥有五份以上的工作经历，并且在超过三个以上的行业工作过。

人力资源专家告诉我们，在事业上获得较大成功的管理者，通常在完整的职业生涯中拥有不超过七份工作。即使是反复创业的企业家，也就先后拥有那几家公司而已。如果你曾经尝试过不止一次的超短期工作经历，或许你要意识到：这并不代表你选择的工作或者公司有什么问题，而是代表你自己的选择方式出了问题。

历史会沿袭过去经验，虽然过去的成功未必能复制，但过去的失败往往会继续。如果一个人频繁跳槽，可能意味着稳定性较差；如果一个人总是因为人际冲突而影响职业发展，那么他的团队协作能力就很难保证；假如一个员工从未在一家公司中得到多次晋升的经历，那这位员工的能力和业绩可能比较一般。

在职业生涯中，最好有在某行业中等以上规模的公司工作三年，并获得两次及以上升迁的经历。岗位所需要的基本工作技能，通常只需要几个月时间来熟悉。当员工完整经历了一个年度工作循环，也只能证明他可以胜任该岗位基础技能，但这些并不足够。三年以上的行业专注度，才能真正洞悉行业上下游价值链、累积行业人脉。任何一份少于六个月的“超短期工作”，都不能为你带来专业上的积累，你甚至无法将这段经历写入你的简历中。

大多数人在做出跳槽决定之前，多少经历了不同程度的纠结，但这并不意味着他们对跳槽或转行有非常深入的思考。如果能学会更理智地思考和决策，找到一份理想工作的概率就更大一些。

传统的观念认为，当你计划职业生涯转型的时候，你应当向那些最了解你的人和有从业经验的人请教。但是，当你想要重塑职业身份的时候，最了解的人反而最可能阻碍你，而不是帮助你。家人或朋友的本意是为了帮助你做出最佳决定，但是他们实际上可能会加强或保持你的旧身份（甚至是他们的旧身份）。

任何有跳槽或转行念头的人，在做出这一决定之前，要做的第一件事，是重新审视自己当前的工作。你要思考几个问题：

Q1：你最初为什么会选择这份工作？

Q2：你现在的工作到底存在什么样的问题？

Q3：有哪些原因促使你想离开？

Q4：在这些原因中，哪个才是最重要的关键因素？

Q5：这个因素有可能通过其他的方式得到改变吗？

Q6：如果重新换一份新的工作，能否解决你现在工作中的问题？

只有认清促使你跳槽或转行的关键因素，你才有可能找到一份更合适的工作。

跳槽的原因大致可以分为以下几类。

01. 待遇问题。个人感觉收入偏低，和同行同级别的员工相比，付出和收入不成正比。

02. 发展问题。个人感觉目前工作没有发展前景。例如公司连续几年业务萎缩、部门缩减、盈利状况不良、前景堪忧，你对自己在公司的职位发展前景不乐观，短期内看不到发展机会等。

03. 能力或工作性质冲突问题。个人感觉无法胜任目前工作，不擅长也不喜欢这份工作，绩效长期不良，或者因为长时间加班、出差而无法适应，感觉自己选错了行业或者职位，希望能够重新找到自己的职业定位。

04. 环境或文化问题。个人认为公司的运作机制有问题，存在管理壁垒，裙带关系严重，在考核、晋升方面不公平，员工建议想法不被重视，人际关系不尽如人意，无法忍受公司的人事关系，甚至与直接上级有矛盾或冲突。

有些人在跳槽转行方面，始终感觉迷茫，例如“我现在的工作不理想，但我不确定是否真的应该跳槽，还是再坚持一下。”“我坚定地知道我不会继续在这家公司工作了，我已经面试了几家不同的公司，觉得各有利弊，但是我现在不知道如何做出最好的选择。”“从情感上来说，我不愿意离开我现在的公司，毕竟我在这里已经工作了11年。但是这几年行业真的不景气，公司待遇几年都没有变化，部门的人数越来越少。这个行业中或许已经没有什么更好的机会了，因此我打算转行，但是我已经30多岁了，这个年纪转行风险是不是很大？”

这些问题可以简单地被概括成一句话：迷茫是因为缺乏目标，纠结是因为没有标准，担心忧虑往往由于能力不足。解决问题的方法就是保持整体目标感，建立一个整体、长期的目标，学会确定筛选工作的标准，够长远地看待问题，不为短期利益，而做出让自己后悔的决定。

在职业生涯的早期，人们应该看重工作是否有助于实现个人理想和职业目标，而不是工作收入和福利。《真北》一书的作者、哈佛商学院管理学教授比尔·乔治（Bill George）提出了明确的观点：太看重第一份工作的薪水，会有害职业前途。真正成功的职业人士，在他们职业生涯的早期，都不会单纯地考虑收入，而是更多地追求自己的职业理想或目标，按照自己的价值观去发展，这样的人反而会更容易获得成功。当我们发自内心地、真诚地投入于工作，收入自然会提高。如果你在努力工作的第十一年发现你的收入是第一年的一百倍，那么在刚工作的那几年，攀比薪水就毫无意义了。

不要为了薪水和好听的头衔而跳槽。对于职场新人而言，不要过多追求收入、热门行业和头衔，而应该把工作责任、岗位技能看得更重要。每个人都应该清醒地意识到，职能和责任才是发挥能力、表现绩效的关键，也是晋升的最重要来源。

不要为了人际关系矛盾而跳槽。有些问题是绝大多数企业的共性，无论你到了什么企业，都无法完全避免。比如，不断提高的业绩指标压力、内部管理制度及流程的不完善、团队矛盾和人际冲突等。在职场上不够成熟的员工，通常在承受压力和适应环境方面的能力较弱，对出现的问题缺乏变通和化解的技巧，往往只会抱怨或逃避。而成熟的员工会理解问题存在的合理性，并尽力去化解各种矛盾。例如，在内部沟通上，不仅要提意见，而且还要提建议；不仅提出解决方案，而且要考虑可行性、成本与回报；用恰当的方式说服老板采纳自己的建议；友善地支持他人，尽量与更多的人友好相处；促进团队合作，使自己的工作阻力更少。这样，不仅能逐步拓展职业发展空间，更能够克服困难和障碍，获得更广泛的认可和支持，发挥更大的价值。

有些人由于在一家公司工作得太久，形成了根深蒂固的归属意识，即使面临发展空间不大、缺乏提升机会的情况，还是很难做出跳槽的选择，也会使自己陷入职业竞争力越来越低的局面。从企业角度来看，公司需要经验丰富、工作稳定的员工，因为这意味着较低的管理和沟通成本。但企业的成功，并不等同于个人的成功和潜力的发挥。即使最优秀、最人性化的企业，也不可能完全站在员工的角度来考虑员工的职业发展。因此，把自己的职业发展完全寄托于企业，是对自己不负责任的做法。这时候，你要忠于自己的职业理想和事业规划，而不仅仅满足于企业为你提供的岗位和工作机会。

在跳槽方面犹豫不决，而错失良机的例子绝对不是少数。“A公司的X工作好，还是B公司的Y工作好？”“是继续留在现在的公司，还是到外地分公司去发展？”“到底回老家还是在大城市打拼？”“要不要坚持自己的理想，以后会不会有出路？”“应不应该听从父母的意见，做自己不想做的事情？”正确的选择不是别人最希望你做的选择，也不是你最容易做的选择，甚至不是风险最低的选择，而是从长远眼光来看，给你最大、最好、最多可能性的选择。

有人会因为无法做出决定而推迟决定，这种等待和推迟只是在浪费时间。因为在推迟决定的过程中，这段时间就永远失去了。因此，不管有多纠结，都不要逃离决定。认真思考，仔细调查，掌握尽可能多的情报信息，对自己的能力和渴望做一个彻底的分析，做出决定并开始行动。只要你有能力，你总有机会在新的选择中获得新的成功。

而成功的跳槽应该呈现出上升曲线，促使你向更高层级跃升。要尽量避免同级跳槽，如果新的工作在公司规模、团队人数、项目难度、责任范围等方面没有新的变化，说明你的职业技能并没有因此而增加。在职业技能没有本质提高的情况下，个人职业价值（收入水平）也不可能获得本质上的提升，这反而会延迟下一个职业目标的实现。

和普通人不同，成功人士的跳槽转行通常都有一些共同点。他们往往不是在遇到某些不如意时，才想到跳槽转行，相反，他们通常是在职业发展比较成功的时候，就开始考虑转换跑道。他们对外界保持高度敏感性，能够研判职业的发展趋势，提前避免职业危机的来临，积极管理自己职业发展生涯。他们跳槽转行的唯一原因是为了加速下一个职业目标的实现。

>> 案例 >>>. 卫哲的直升机式发展 >>>>>>

先来看一份简历。

卫哲，1993 年（22 岁）毕业于上海外国语学院国际商务管理系，本科学历。1992 年，大三时（21 岁）进入上海万国证券公司担任总经理翻译及助理。两年后（23 岁），内部调动，升任上海国际证券（香港）总裁助理。1995 年（24 岁），调回上海万国证券公司，担任资产管理总部副总经理。同年，辞职转行进入永道会计财务咨询公司担任财务顾问。第一年就被破格升任企业融资部经理。1997 年（27 岁），被外派到英国伦敦分公司，担任收购及兼并部高级经理。2000 年（30 岁），再次跳槽转行，进入消费零售行业，担任百安居（中国区）财务总监。2001 年（31 岁），升任百安居执行副总裁。同年，升任百安居（中国）置业发展有限公司首席执行官。2002 年（32 岁），升任百安居（中国区）总裁。 2003 年（33 岁），升任集团（翠丰亚洲采购中心 ）亚洲区首席代表。2006 年（36 岁），第三次调槽转行，加入阿里巴巴集团，担任阿里巴巴公司总裁及阿里巴巴集团执行副总裁。2011 年 2 月离开阿里巴巴，同年 4 月宣布成立嘉御基金公司，担任董事长，时年 41 岁。

从一个英语专业的大学毕业生，到一位成功的金融投资人，他是如何做到的？从 21 岁到 41 岁，卫哲在这不可思议、火箭式的职业发展 20 年中，所取得的卓越成就固然离不开其强悍的跨领域工作能力和高效的工作作风，更与他每一次明智的职业决策密切相关。

从简历中可以看出，卫哲先后在五家公司工作过，从公司性质来划分，五家公司分属四种所有制：万国证券属于国企，普华永道属于外企合伙人制，百安居属于大型跨国集团，而阿里巴巴和自己开创的嘉御基金是民营企业。从行业上来划分，这五家公司又可以归属三个行业，一是财务/金融/投行，二是零售业，三是电子商务/互联网。

卫哲在早期的工作经历中并不太“安分”。前三份工作，卫哲一共用了9年时间，每家公司的工作时间都不太长，平均都只有2年半到3年。但他几乎在每一次工作中都表现得出类拔萃，并获得多次快速破格提升；而每次跳槽转行也是可圈可点，为自己创造了更优秀的发展平台，从一个成功走向更大的成功。

这并不是机遇的宠幸，而是卫哲卓越职业决策的结果。

卫哲第一次择业进入万国证券，是他自己做出的独立职业选择。他毕业时，国内最热门的行业就是外贸和旅游，家人都反对他进证券公司。他却有不同想法：“这是一个全新的行业，在这个行业中，最顶尖的高手也只是比我多三年的经历。现在我加入，一定比其他行业有更多的机会。”在万国证券工作了几年，在做翻译兼打杂的工作中，以敏锐的观察能力和快速的学习能力迅速获得上司赏识。先后担任万国证券总经理管金生的助理、秘书；两年之后，年仅24岁的卫哲被提升为万国证券资产管理总部的副总经理。

第一次跳槽，卫哲从万国证券离开，进入国际四大会计师事务所之一的普华永道。从万国证券离开的原因，是因为当时三二期国债事件爆发，总经理管金生入狱，公司合并重组。年轻的卫哲第一次感受到，不管是谁，有什么样的领袖气质，管理一定要懂得具体的财务和业务。卫哲意识到，自己所谓的强项就是英文比别人好一些，但在管理能力上还很欠缺，尤其是对管理来说，非常重要的财务专业知识严重不足。为了弥补财务专业的短板，他主动降薪跳槽，进入了国际四大会计师事务所之一的普华永道，职位从资产管理总部副总经理，变成了最基础的财务顾问。一年之后，又因出色表现，以及在万国证券锻炼出来的良好沟通能力和开阔视野，很快在新公司脱颖而出，升任为企业融资部经理。当时普华永道规定员工每年升迁不得超过一次，而卫哲却破例一年升了两次。随后，他又被派去英国伦敦，担任收购及兼并部高级经理。

2000 年，漫漫熊市开始，卫哲再一次做出了新的职业选择。第二次跳槽，他从普华永道跳槽到百安居。当时卫哲最主要的考虑是，之前的两家公司都属于品牌很大、团队偏小的企业。由于投行和咨询行业大多由独立小团队构成，一个团队多则 4~6 人，少则 1~2 人，管理范围窄，管理方式也相对简单，久了会发现自己缺乏大团队管理经验。此外，在投行和咨询领域还有一个常见问题，执行力没有战略眼光好。咨询公司是乙方，面对甲方提供服务，大量的工作内容是调查分析、撰写报告。但从战略落地到实战工作，基本都交给客户去执行，很多事情是由客户决定。对咨询顾问来说，基本不需要执行力。危机感和补课意识再次浮现在卫哲心中。经过慎重考虑，他选择了对执行力要求高、管理对象庞杂的零售行业，进入了百安居。

对于跳到百安居，卫哲并不是一念兴起，而是对百安居有着超过 4 年深入了解之后的谨慎决定。早在 1995 年，翠丰集团（百安居英国总部）想通过收购一家国内家居公司的方式进入中国市场。翠丰集团请了国际著名财务咨询公司普华永道进行收购咨询，而当时的咨询团队正是卫哲带领的。如果收购成功，对普华永道公司来说，就赢得了一个大客户，卫哲本人则会在这个项目中得到一大笔项目奖金。但是卫哲却通过分析说服百安居这个收购计划并不合适，使翠丰集团放弃了收购，卫哲和公司只拿到了前期的咨询费。当然，基于普华永道客户利益至上的企业文化，出现这样的事并不会得到批评，但是从咨询顾问个人业绩考虑，能够放弃大客户项目和大笔奖金也很不易。正因为这件事，卫哲得到翠丰集团高层的赏识，并对这个 25 岁的年轻人留下了深刻印象。从 1996 年开始，就邀请卫哲加入百安居。但是，由于当时百安居对进入中国并未下定决心，只想先开两家店试探市场，所以卫哲最初并未加入。

直到四年之后的 2000 年，百安居在成功运作满一年且有一个财务总监的空缺，卫哲才答应从相对熟悉的岗位干起。两年后的 2002 年，32 岁的卫哲从财务总监，直接被提拔为中国区总裁。

2006 年，卫哲第三次跳槽。表面上是在马云极力邀请之下加入阿里巴巴担任 CEO，但对卫哲来说，这一次的决策同样是深思熟虑的结果。卫哲思考的是：加入阿里巴巴，可以弥补自己在电子互联网上的短板。而从产业的可发展和潜力来看，国内的金融、汽车或其他传统商业与国际一流企业差距很大，在 30 年内都很难有机会跻身世界级强手之林，其他行业更是几无胜算。但中国的互联网却是能少数有机会称霸全球的行业之一，加入阿里巴巴等于在这个世界级舞台上有了更广阔的发展空间。

每一次跳槽，卫哲首先会判断分析这个新的工作机会中蕴含了什么样的发展机遇？是否能基于他个人发展策略的考虑？是否能弥补他的能力短板，使他的能力框架更完整、更强大？在新的组织架构中，他能否发挥积极作用？能否贡献他的管理经验和商业价值？正因为卫哲具备了积极、强烈导向、长远眼光的职业发展策略和思路，才能使自己在繁复、竞争激烈的商业环境中一次又一次脱颖而出。

跳槽转行的目的是为有机会从事最能发挥潜力、幸福感和成就感更强的工作。你要做的最重要的事情就是找到一份能让你迅速成长，快速增值的工作机会。因此，在选择工作的时候，必须遵循两个基本点：放大机遇和规避风险。放大机遇主要体现在四个方面。

一个好的职业决策应当将工作的可发展性放在首位（纵向）。因为一个正在发展上升期的行业、一个从行业排名第 20 到进入行业前三的公司、一个业务增加迅速的部门，对于人才的态度更加积极，同时会毫不吝啬地提供大量发展的机会。如果你是新人，绝不要浪费这些宝贵的发展机会。

一个好的职业决策还应当强化并拓展新的能力范围（横向）。如果你在一座山上，打算攀登另一座山，如果每次都回到底部再重新攀登，速度就比别人慢了许多。最好的方法是在你向上攀登的时候，你为自己搭建很多横向通道，这些通道就是你上一份工作中得到的技能和经验。

一个好的职业决策还应当将尽量减少职业损耗。其中最主要的包括人脉资源、客户合作资源和工作经验损耗等。

在更换工作的时候要考虑被损耗的程度，如行业转换会涉及人脉资源和客户方面的损耗，岗位的转换也会涉及工作经验的损耗，如果一个人同时在两个方面发生改变，则需要谨慎考虑这份工作。

一个好的职业决策还应当将考虑能力、兴趣、价值观与工作的匹配程度。如果你觉得工作日晚上和周末时间神圣不可侵犯，家庭生活很重要，那就最好避免去互联网公司等加班较多的企业。此外，企业文化和工作环境也会影响和修正个人价值观和对工作生活的诉求。

机会的另一面是风险。在选择工作的时候，尤其要谨慎评估一份工作的风险性。如企业性质、规模、文化与你之前的企业相差较大，这可能意味着潜在的风险；当招聘方急于安排上岗，要求你立刻开始工作，这也可能意味着风险；某家新公司，全新项目、全新市场、全新产品，没有经验的团队，但是提供非常具吸引力的OFFER，非常重要的就是了解对方的预期，我能不能做？能不能做到对方预期的水平？你的贡献水平是否可以远远超过对方给你的待遇？除了要考虑这份工作是否能发挥你的优势，对职业发展有提升之外，更需要着重考虑加入之后，你能否在这家企业做出与收入水平匹配甚至更大的贡献。

在职业生涯中的每一份工作都应该逐渐接近你的最终目标，而不是越走越远。

结论

跳槽转行的目的，是为了能从事最能发挥潜力、最具幸福感和成就感更强的工作。因此，在选择工作的时候，必须遵循两个基本点：放大机遇和规避风险。一份好的职业决策，应该能给你带来更大可能性、更多的机会。选择工作的时候，应该重视职业的可发展性、能力拓展性，考虑个人兴趣、爱好，价值观与工作的匹配程度。同时，也要尽量评估风险，减少不必要的职业损耗。职业生涯中的每一份工作都应该逐渐接近你的最终目标，而不是越走越远。

// Self Actualization

PART 4

自我优化

持续的追求，它不断地缩小现实的自己和理想的自己的差距，能把我们推得更远。在智慧和经验的高峰期，人们需要战胜胜利之疾，开始第二次呼吸。在这个阶段，管理者既要分辨重点，权衡取舍，关注那些长期有价值的事，也要学会忘却好评，突破过去成就，有勇气去下一盘新的棋。

第十章 从优秀到卓越

1 战胜“胜利之疾”

工作超过 20 年后，最大的风险不是创新带来的失败，而是守旧导致的淘汰。

人们在年轻的时候，对生活和工作的期望大致如此：强烈地追求有意义、有价值感的工作；判断一份工作是否值得做的标准是，能否完成自我实现，是否有挑战，是否符合自己的价值观；渴望独立，掌握更多权利；为能够独立负责一个产品、项目或部门而自豪；希望自己创造出被认可的成就；强烈地追求荣誉，希望被赏识和重视，通过自己的努力过上优越的生活。

步入中年的时候，人们逐渐变成自己不认识的样子：往往会规避风险和错误；判断一份工作是否值得做的标准是，工作环境是否有压力或挑战，以及是否安全稳定；希望获得荣誉，但对褒扬却并不在意；希望轻松融入一个团体，但又不太希望花太多时间在团队中；希望在一个有名望的、待遇优厚、没有没落风险的行业或企业里工作；希望负责一些传统的业务或部门，通过市场变好和整体组织利润的上升，获得更高的职位和荣誉；不太欢迎工作中的新生事物，对改革抱有敌意，对组织内的变化存在怀疑，对年轻人缺乏信心，也不太能理解他们。

这一切究竟是如何发生的呢？为什么人们会有这样的改变？

假设有这样一个赌博游戏，投一枚硬币，正面可以获得 50000 元，反面会失去 50000 元。从整体上来说，这个赌局输赢的可能性完全相同，是绝对公平的赌局。你会选择参与这个赌局吗？

大量结果证明，多数人不愿意玩这个游戏。为什么人们会做出这样的选择？虽然概率相同，但是人们对“失”比对“得”更敏感。一想到有可能会输掉 50000 元，这种不舒服的程度超过了可能赢回 50000 元的快乐。

为什么人们对于同样的损失和获得的感受会不同呢？心理学家认为，规避损失是人类自然选择的结果。原始人类的生存机制决定了逃避风险和损失比获得利益更重要，因为为了生存下去不轻易冒险当然是远古时代的最优选择。也许之前也存在把获益看得更重要的原始人，但是这种人必然会被自然逐渐淘汰，导致现在的人类都是“保守派”的后代。在同等的快乐和痛苦面前，人们总是首先选择逃离痛苦，而非追求快乐。这可以解释为什么年纪大的人总是倾向于保守，而年轻人更热衷于冒险。年轻人的主旋律是从无到有、尽量争取。而年长的人大多已经拥有一定资本，冒险会带来损失的风险。

这个理论从平均值上决定了：当人们的经验越丰富，财富和名誉的累积越大，创新精神和变革的勇气就越小，而勇于突破过去的成就，重新开始的可能性就越小。人们被过去的胜利击败了。

如果一个管理者的创新精神在反对变化的惰性思维中消逝，他必将被未来淘汰。

很多人可能从未想过：当公司在召开一年一度的庆功会的时候，市场正在迅猛地发生变化，所有的成功经验都是过时的，所有的数据分析都是滞后的。任何企业都需要在市场中不断进步和优化。如果不能识别先进的技术，对已经发生改变的消费者需求保持敏感，甚至无视市场中的新变化，那么在战斗还没有开始之前，就已经失败了。

研究发现，对于管理者来说，想象和创新比智力更重要，对未发生的事情的敏感性和判断准确度几乎成了卓越领导者的基本素质。管理者需要从稳定的、易管理的环境中摆脱出来，以更高的维度思考问题，从一个成功走向更多的、新的成功。

40 岁以上的人抱怨最多的问题就是记忆力衰退，但绝大部分记忆力问题并不是年龄导致的，而是因为没有积极地使用大脑，导致“记忆肌肉”萎缩的结果。任何身体训练，只要停止超过四个星期，之前的成果便会很快消失。当你在进行身体训练并感觉肌肉酸痛的时候，其实正在制造一些小裂缝，这些微小的裂缝可以自我修复，会使肌肉变得更强壮。头脑和肌肉一样，也需要不断进行训练。年轻时的大脑可塑性强，经常高强度地学习各类新知识，随着年龄的增长，人们对大脑的训练却越来越少。如果能利用各种碎片时间，不断训练自己的头脑，你就能使它更活跃、更富有创造力，你的“思维肌肉”就越强健。

Q：如何训练自己的思维肌肉呢？

著名的日本管理大师大前研一提出，要训练自己的思维能力，首先要保持好奇心，抓住任何机会，时刻地向自己提问。他每天早上都利用 28 分钟的通勤时间给自己出一个题目，然后思考如何解决问题。例如，一眼看到垂吊式的地铁车厢广告，就以这个广告为题目思考：“如果这家广告公司的总裁要我协助他们公司提高业绩，我该怎么做？”然后努力思考可能的解决方案。当脑子习惯思考之后，思考的速度就会越来越快。最终，大概只要 3 分钟，他脑海里就会瞬间就会浮现一条通往解决方案的具体思路。

畅销书《暗时间》中有一个精妙的比喻——抓住时间之沙。人的生命像一个沙漏，总量大致相当，不同的是，有些人的沙漏颈部较细，而有些人的沙漏颈部较粗，那些颈部较细的沙漏可以抓住每一粒时间之沙，从而拥有更长的生命。

抓住时间之沙的关键就是利用碎片化的时间不断思考。这些时间就是无形的、被隐藏起来的“暗时间”。善于利用暗时间的人，就相当于拥有比别人更长的生命。

创造力并不是艺术家和设计师的专利，也并不是年轻人的特权。创造力有两个非常重要的构成要素，就是深入观察和跳跃性思考。一般来说，成人的逻辑思维能力要比观察能力强。在日常的工作和学习过程中，人们的理智很容易压制感性，用思考来代替观察，但是缺乏深入观察，会对创造力的发挥造成阻碍。所以，有经验的管理者通常会放弃一些逻辑性和常规的教条，才能重获最初的不带判断的纯粹观察力。

《像艺术家一样思考》这本书中有一个有趣的小实验：找一张照片，先临摹一张画像，然后，把照片倒过来，再临摹一张。出来的结果通常会让人大吃一惊：倒着画的那张比正着画的那张好得多！ 因为当图画倒过来的时候，画面上的元素对于大脑来说变得难以理解了，于是左脑放弃了思考，右脑开始工作，开始注意不同的区块、大小、比例和明暗阴影。你并没有去了解画中的意图，而是忠实地复制了看到的图像，所以，你得到了更好的图画。

改变一成不变的生活，从一周中拿出一天改变自己的习惯开始。比如将周五作为探索新环境的日子，走一条新路线，让自己去一个陌生的地方，体验不同的感受。新的和不同的地方会带来新的视野和感受，极大地释放自己的能量。参加一些行业外的社团，看一些看似“无用”的书，和一些能引发你思考的人交流，参加互助小组分享的个人心得，利用丰富的网络资源学习一些你以前未曾接触过的内容。

还可以利用 5 分钟时间，做一项简单的习惯测试。拿一张纸或者录音笔去一个安静的地方，详细地记录这一天你做了哪些事情，并且问自己：你的习惯为你带来的好处是什么？如果有机会对你的日常习惯稍作改变，情况又会是什么样子？

令人惊奇的是，只要稍微地改变一下行为模式，哪怕是晚餐后 15 分钟的散步，都可能促进更多新的改变。尝试新东西可以让人们向惯性挑战，并激发我们更多地学习。虽然学习的收益不见得马上显现出来，但是所有学到的新技能、新资讯都会让你在整体上发生改变。

结论

人们的经验越丰富，财富和名誉的累积越大，创新精神和变革的勇气就越小，而勇于突破过去的成就，重新开始的可能性就越小。如果一个管理者的创新精神在惰性思维中消逝，他必将被未来淘汰。管理者要放弃过去的习惯，改变一成不变的生活，在一切可利用的暗时间中进行持续思考，保持思维的活跃。当人们不断训练自己的思维肌肉，使自己的头脑更活跃、更富有创造力的时候，对于未知的挑战，就会有更多更好的解决方案。

2 刻意练习与能力升级

对于追求卓越表现者来说，他们的练习目标不是简单重复，而是更上一个台阶，更好地掌控他们的表现。

投资大师查理·芒格曾说过：“如果你想成为世界上最好的网球选手，你可以努力，然后没多久，你会发现这是痴人说梦——其他人的球技是你望尘莫及的。然而，如果你想成为伯米杰地区最好的管道工程承包商，你们之中大概有 2/3 的人能够做到。只要有足够的训练，那是一个可以达到的目标。”

什么样的训练能被称为足够的训练呢？

在《异类》这本书中，作者格拉德·威尔（Glad Well）提到了一万小时这个数字。“一万小时定律”最早是在 1973 年由诺贝尔经济学奖得主、人工智能的开拓者赫伯特·西蒙和威廉·蔡斯在研究国际象棋大师的成长时总结而出的。他们发现，在广泛参与的国际化竞争中，十年是达到世界级专家的经验下限。在这两位专家之后，瑞典心理学家安德斯·埃里克森参考西蒙的十年定律，又对其他领域的天才成长进行研究，印证了同样的规律。1993 年，埃里克森发表论文阐释了他对音乐学院三组学生的研究结果。

把学院学习小提琴演奏的学生分为三组，第一组是学生中的明星人物，具有成为世界级小提琴演奏者的潜力。第二组的学生被认为比较优秀，第三组学生的小提琴的演奏水平被认为是永远不可能达到专业水准，他们将来的目标只是成为一名公立学校的音乐老师……实际上，到 20 岁的时候，这些卓越的演奏者已经在他们的生命中练习了 10000 小时，那些比较优秀的学生练习的时间是 8000 小时，而那些未来的音乐老师的练习时间只有 4000 小时。

这就是被格拉德·威尔引用流传甚广的一万小时定律的来源。但埃里克森在研究报告中强调的仅是刻意练习，而不是普通意义上的一万小时。在心理学历史上，也从来不存在所谓的一万小时定律。这只是畅销书作家精心选择的一个易于传播的神奇数字。很多人通过这本《异类》坚定地认为：大量的练习时间和水平的提高呈正比。事实上，这是一种误解。不同专业领域的技能的习得时间与练习时间并不向相等，也不存在一万小时的最低阈值。记忆类专家技能的习得时间只需要数百小时，优秀专业演员的技能习得时间往往是 3500 小时左右，而健身教练技能的习得则在两者之间。最典型的反证是，大量勤恳练习了一万小时的人，他们的职业并没有特殊的优异表现。

分片式训练

纯粹的练习时间并不能换来水平的提高，要想提高能力水平，必须采用刻意训练的方式。刻意训练是指为了突破目前能力，而设计出来的有针对性的训练方法，主要是以错误或障碍为重心的“分片式训练”。它针对能力不足的部分，完善每一个影响成绩和表现的细节，从而有效地突破学习瓶颈，提高成绩和表现。从长远来看，这些障碍是非常有益的，他们会刺激新的提升。

世界高尔夫球王泰格·伍兹曾经介绍过他的训练方法：他会把一个高尔夫球扔在沙坑里，并将球踩入沙堆。然后，他就在这个特别的困境中反复练习挥杆，甚至多达上千次。也就是说，泰格·伍兹将这个非常罕见的难局，从整个比赛中单独摘离出来，并集中精力提高处理这个细节的能力。

运动管理专家将这种发展性训练称作分块练习（Chunk it up），把需要练习的动作分解成多个细节，然后熟练地掌握每一部分。每个练习都非常具体、有针对性。

及时反馈

对于练习有效性而言，精确而及时的反馈非常重要，这能够帮助学习者了解自己的情况，并制订改善计划。前高盛公司发展领导力专家史蒂夫·科尔（Steve Kerr）举了一个非常生动的例子：没有反馈的训练如同向垂过膝盖的窗帘后打保龄球，你可以一直重复下去，但是不知道结果如何。久而久之，你不仅无法提高能力，而且会变得满不在乎。

对于追求卓越表现者来说，他们的练习目标不是简单重复，而是更上一个台阶，更好地掌控他们的表现。这就是为什么他们不会觉得练习很无聊的原因——每一次的重复都意味着对前一次的修正。每一次新的练习，他们都会在某些方面比上一次做得更好。

及时提高难度等级

及时提高训练的难度等级，也是迅速提升表现的重要手段。简单重复性工作会导致员工发展缓慢甚至停止，在同一个岗位工作四年以上的员工，会进入到一个典型的职业倦怠期，如果员工没有机会学习新知识和技能，会很快陷入能力停滞阶段，也会带来精神上的懈怠。

应用语言学家、心理学家和教育家斯蒂文 · D. 克拉申（Stephen D. Krashen）在总结前人理论的基础上，提出了关于“第二语言”习得的重要理论，即“i+1”能力发展理论。公式中的“i”代表学习者当前的水平，1 表示略高于学习者现有水平的语言知识，即语言的就近发展区。克拉申认为，学习者只有获得可理解的语言输入时，才能有效习得语言。也就是说，如果教师给学习者提供 i+0 或者 i+2 的内容，都达不到教学的最佳效果。i+0 的内容太容易，学习者的能力得不到提高，而 i+2 及 2 以上的内容太难理解，学习者也无法跨越这个区域。最好的方法是学习者能够顺利掌握 i 这个程度 80% 的水平的时候，立刻开始 i+1 级别的学习，这是经过无数测试和检验得到的最佳学习曲线。

什么是最有效的刻意训练？调查显示，人们描述印象中最有效的刻意训练时，往往使用“注意力、链接、建构、整体、警觉、错误、重复、觉醒”这类词汇，而不是像“愉悦、兴奋、胜任”等看上去更积极的词汇。当你感觉非常顺畅、完全胜任的时候，其实并没有学到任何新的技能，只是在自己过去的能力圈内活动。

如果凡事顺利，则代表创新不足。当人们在自己能力极限边缘刻苦练习，在针对自己的弱点而设定的练习程序中反复挣扎时，能力就实现了跃迁。

《异类》这本书中使用的案例均来自音乐（如小提琴、钢琴、摇滚乐）、棋类（象棋、围棋）、体育（冰球、曲棍求、足球）等。必须承认，在这些领域获得成功首先要依靠天赋，其次才是非常刻苦专业的训练。天赋就好像是篮球运动员的身高一样，如果你身高不足 1.7 米，再怎样努力，都很难成为一名杰出的篮球高手。

但是在商业社会中获得成功，所需要的才能非常复杂，不可能像体育上的能力那样一目了然。在项目销售、企业管理等认识复杂性高的领域发展能力，需要其他更有效的方法来提升能力。

某家国际咨询集团将大客户销售经理的胜任力分为六大部分：专业知识、客户开发能力、沟通技巧、销售计划与行动、工作态度、组织与协调能力。

每个能力领域有相对应的初级、中级和高级三个层次。抛开第一项专业知识暂且不论，每个领域不同等级能力的标准描述如下。

	细分能力	初级	中级	高级
客户开发能力	客户选择能力	了解公司想把哪类客户列为重点客户	能够非常准确地确定重点客户未来 2 ~ 3 年的发展前景	积极参与制定公司成功选择重点客户的各项措施
	收集和组织资料能力	知道在何地查到所需要的信息，可向何人寻求帮助	就找到的资料制作简单易懂而又引人注目的陈述报告	开展积极的调查，发现行业发展前景和目前出现的相关趋势，在战略制定和重点客户管理工作中对此予以考虑
	客户需求分析能力	知道客户目前如何使用本公司的解决方案，原因是什么，潜在的需求如何	利用对客户需求的了解，独立设计有针对性的解决方案	向有关客户需求趋势的战略计划方案输入新的内容
沟通技巧	提问与倾听能力	知道如何准备问题，引导客户	运用提问和倾听的技巧，处理困难的情况，并能提供有帮助和指导意义的回答	发表独创见解或经验分享，积极获取其中的言外之意和内在含义
	表达陈述能力	喜欢站在任何人群面前做准备过的或者即席的陈述报告	确保关于本公司解决方案的陈述报告内容是最新的，能把重要优势传递给客户	能够做出有说服力且中肯的陈述报告，能够从与听众建立互动的过程中获得信息并加以利用
	谈判能力	了解谈判过程及各个阶段与不同人员发挥的作用	利用团队优势主导谈判，处理反对意见并使谈判继续下去	为谈判起草指导方针和指示要求，以保证谈判结果符合公司战略
销售计划与行动	计划能力	对本公司的销售和营销活动进行规划，使之不同于竞争对手	规划销售和营销活动，增加客户本身的价值，并以优秀案例加以说明	规划本公司的销售与营销活动，使之符合并支持本公司的各项战略
	业务敏感度	主动提出新的解决方案，建议新的人员与重点客户进行联系	利用一切机会做好业务或者有目的地对重点客户中的重要人物施加影响	积极参与从战略层次上发掘新业务和合作机会
	竞争敏感性	知道主要竞争对手及其报价	知道竞争对手可能会出现在任何一位重点客户环境中，规划整个营销过程，并向重点客户提供比竞争对手更优质的服务	分析、跟踪并观察竞争对手的活动，确保本公司的战略与各项活动具有竞争性

续表

	细分能力	初级	中级	高级
工作态度	正直	能信守诺言，不欺骗和误导他人	理解并尊重公司和客户的价值，能在团队中起到带头的作用，保证公平性	在整个组织内创建并鼓励高层次的诚信制度
	韧性	能够克服并不严重的失落和挫折感	无论面对什么问题，都采取必要的行动保证重要客户工作正常运行	被视为在多数人都会放弃的情况下却继续前行的人
	不断改进	分析自己的工作和改进的余地	不断寻找能改进本公司重点客户管理方式的途径	鼓励他人寻找和建议能够改进现有的工作方式 / 提高工作效率的途径
组织与协调能力	内部资源	了解本公司的生产资源和核心能力	利用公司现有的资源加强自身在重要客户中的地位	通过自身的努力，确保公司拥有所需的资源，并积极推动这方面的行动
	业务流程	熟悉本公司的主要业务流程	能善用公司业务流程，帮助客户和自身提升业务绩效，获得双赢	增加客户管理方面的专业知识，成为改进本公司业务流程的核心成员
	组织协作	明确所有团队成员的任务和责任，保证交流顺利进行，不发生冲突	利用现有的惯例，围绕客户开展工作，为双方创造价值	参与公司的客户管理模式化建设

显而易见，在大客户销售经理的六大能力中，除了专业知识属于显性知识，客户开发能力、沟通技巧、销售计划和行动、工作态度、组织与协调能力均属于隐性知识。

隐性知识显性化

大量隐性知识存在于实践中，而非书本资料中。人的学习受到情景制约或促进，对隐性知识的练习重点不在于时间长短和方式如何，而在于应用场景。未来会在什么情境中应用，就应该在什么样的情境中学习这些内容。假设在工作中需要提高英文报告水平，对公司内部报告等同类文件进行模仿练习，比去英语学校报读一个商务英语班要快速有效得多。想要学习销售技能，最快速有效的方法，就是和最优秀的销售员协同拜访客户，学习他与客户打交道的方式。

找到一个级别相当的学习团体，比一个人闭门造车更有效。因为，人在集体学习的环境中，会看到更加丰富的资讯，也会听到各种不同的声音。当人们公开自己的想法或者观点，同时接受到其他人的反馈，会激发头脑中原本并不清晰的内容。这会促使人们思考：自己的局限性在哪里？ 然后人们会重新开始思考并补充和解释自己的观点，并要求对方也拿出更多的理由。在这个过程中，人们对问题的理解越来越深入，学习的效果也就更为卓著。

>> 案例 >>>. 无印良品的秘密武器 >>>>>>

无印良品在 1991 年到 2001 年高速增长十年之后，突然陷入高额赤字的经营危机中。2001 年 8 月，无印良品的中期报告显示了高达 38 亿日元的赤字，舆论一片哗然。当时，松井忠三接下这个烫手山芋。经过分析，松井认为运营出现危机的主要原因在于“经验主义的泛滥”。他除了采取一些应对赤字的必要手段之外，开始着手建立 MUJIGRAM（无印良品店铺使用的经营指南）和业务规划书（将店铺开发部门和策划室等本部业务整合到一起的指南）。次年，无印良品扭亏为盈，此后，又连续三年打破营业额记录，普遍收益提高到 186 亿日元，实现了无印良品的 V 字恢复。

松井忠三的 MUJIGRAM 中有一项非常重要的内容：消灭感性，建立规范化，将经验和直觉可视化。每个人在工作中对所有的事务有自己的一套评价体系。然而，人的这些感性认识往往只是根据自己的直觉，并不能保证其正确性。而 MUJIGRAM 是将几乎所有业务规范，包括橱窗展示、商品命名方法、店铺选址评分标准，与外部人员的商谈记录共享，形成非常细致的文字规范。MUJIGRAM 的编写工作是无印良品整个公司共同参与的，各个岗位的员工都能把自己的知识添加其中，还能根据员工知识的更新进行动态更新。也就是将工作中所有依赖个人经验和直觉的部分可视化，坚持动态更新，并以此作为 MUJI 员工的工作指南。

普通人往往是通过“头脑的理解和记忆”去整理工作经验的，而不是“书面的总结和分析”，但书面的工作记录和分析能将隐性知识显性化，加速个人经验的形成和吸收。

结论

每一项技能的习得都需要大量练习，但纯粹的练习时间并不能换来水平的提高，要想提高能力水平，必须采用刻意训练的方式。有效的刻意训练必须包含分片式训练、及时反馈、及时提高能力等级、将隐性知识显性化。

3 卓越的问题解决者

员工的价值与他能解决问题的难度成正比：能够解决的问题越大、越困难，员工价值就越大。

无论哪一个层级的工作人员，每天都必须处理各类工作问题。员工的价值与他能够解决问题的难度成正比，能够解决的问题越大、越困难，员工价值就越大。大多数事务性工作都可以依据既定的流程和规则进行处理，如行政部的日常行政管理、财务部的各类审计事务、人力资源部的简历筛选和面试工作、客户部的客户投诉，甚至市场部的危机公关都属此类。但还有一些工作，不仅依靠个人知识和经验解决，更需要采用整体的策略性思考进行处理。

遭遇全新难题的处理方法

当你遇到一个全新难题，通常会采取什么方式处理呢？

Q1：假如你的工作是做招标采购，偶尔遇到一个需要做简要投资分析测算的项目，你会怎么办？

Q2：假如你的工作是大客户销售，某个重要的新客户希望你帮他们做一份行业分析参考，而你之前从未做过这样的工作，你会怎么办？

Q3：假如你因为升职被调到新部门，需要迅速（两周时间内）了解和掌握某个陌生领域的专业知识，并做出重要的决策，你会怎么办？

看到问题的一瞬间，你可能会想到某位朋友或专家，请他们来协助解决。的确，人们在解决问题的时候，经常会想到寻找捷径，请他人代劳，这显然比自己动手解决更快，且效率和成果都可以保证。但这只是在单一问题的最优解法，如果将这个问题看作长期工作的一部分，那么请他人代劳未必是最佳办法。

在解决一个问题之前，我们可以先进行分析：

Q1：长期概率，这个问题是偶发情况，还是在未来有可能会被再次遇到？

Q2：长期效率，培养解决这个问题的能力，是否会对现有的工作有帮助？

Q3：长期战略机会，培养解决这个问题的能力，是否可以与你现在的和未来的发展做链接相关，使你有机会接受更高级、更理想的工作挑战？

如果你对以上问题的回答均为“是”，那么你可以毫不犹豫地尝试自己解决。因为从长远来看，经常委托他人解决问题并不能提升自己的能力。如果遇到问题去试图学习一些新技能。表面来看，你比绕道而走的人花费了更多时间，但你尝试的各种方法、收集的各类资源、学习的各种技能，都会在无形中增加你解决问题的能力。

解决新问题 = 增加新技能

渐渐地，你前进的速度就会远远超过那些最初选择绕道而走的人。

解决复杂问题的策略性思考

现实工作中，还存在大量错综复杂的问题，交织了多方利益、混杂了外部和内部因素，甚至还有许多不可掌控的历史原因。在遇到这类问题时，需要人们厘清思路，采用逻辑化的分析能力，区分现实和问题，辨析主次原因，并推导出多种操作性的解决方法。

虽然问题可能很复杂，但解决复杂问题的流程方法并不复杂，一共可分为五个步骤。

- STEP.1 | 从客观事实中发现或推断出核心问题
- STEP.2 | 区分问题的类型是恢复原状型还是追求理想型
- STEP.3 | 将事实逐步分解，进行定性分析，找出对应的原因
- STEP.4 | 将相关数据逐步分解，进行定量分析，找出最主要的原因
- STEP.5 | 从多种方案中评估风险、代价和利益，选择最恰当的解决策略

第一步：从客观事实中发现或推断出核心问题

何为客观事实？客观事实是指没有被人为调整和过滤的原始信息，通常是来自现场的第一手资料。比如，前往工作一线，了解一线员工的典型问题障碍、与重要客户直接交流，了解他们对产品和服务的满意度和需求、与同行和供应商交流市场动态等。

何为核心问题？很多问题，其实都不是真正有必要处理的问题。在遇到问题的时候，先要反问自己“这个问题有价值吗？”“这个问题背后的问题是什么？”例如“某市场目前的规模如何？”只是一个提问，而不是一个值得解决的问题。如果把这个问题改成“最近一年来，某某市场规模的变化趋势是怎样的？”就可以引导出“如何能顺应变化趋势而做出必要的准备”的工作思路。通过缜密和批判性的思考，一步步逼近问题的本质，我们就能得到一个更加明确、具象化的核心问题。

例如，A 公司是一家销售机器设备的中型企业，所面临的问题是“市场占有率太低”。通过数据和信息的分析，了解到，A 公司的市场覆盖率约有七成、A 公司的中标率约为二成。这两个数据说明，如果市场整体的竞标案每年有一万件，其中有七成是 A 公司的业务员能够涵盖的，也就是 70% 的竞标案子是 A 公司在参与竞标，但由于中标率只有两成，所以 A 公司的市场占有率就只有 14% 了（70% 市场涵盖率 ×20% 中标率 =14% 市场占有率）。接下来要思考，什么样的行动会更有利于提升市场占有率？如果将市场涵盖率从 70% 提升到 80%，中标率维持在 20%，即 80%×20%=16%。也就是说，14% 的市场占有率只不过增加了 2%。但是，假设中标率能提升到 50%，涵盖率仍维持现状，市场占有率就可以大幅提升到 35%（70% 市场涵盖率 ×50% 竞标得标率 =35% 市场占有率），也就是之前的 2.5 倍。所以要选择提升市场覆盖率，还是提升竞标得标率，答案就非常明显了。

第二步：区分问题的类型是恢复原状型还是追求理想型

问题的本质在于现状和目标之间的落差。举例而言，某家公司的金牌产品最近出现产品销量下降的情况，这表明公司期望的产品业绩和现状之间产生了落差。当某家公司打算进入某个新市场的时候，对于未来两年的市场占有率和目前的市场现状之间，也存在一个相当大的落差。我们可以将所有问题简明地分成两类：恢复原状型和追求理想型。

对于恢复原状型问题，应当采用一系列循序渐进的方法来处理，包括紧急处理方案、寻求根本解决方案，以及防止复发方案等。

对于追求理想型问题，关键在于明确最终目标和设定实现目标的期限，将一个复杂任务拆解为一系列可以量化、跟踪的行动计划，并根据计划管理和推进日程进度。

第三步：将事实逐步分解，进行定性分析，找出对应的原因

分析就意味着将事物拆解，找出问题的构成要素，并且理解要素之间的层次和关系，随后分门别类地处理。

例如，S 公司的业务是销售健康类食品。H 是 S 公司的大区销售经理，他发现最近 3 个月来，这一地区的销售额和利润均连续下降，每个月的业绩完成情况仅维持在75%~80%。面对这种情况，H将如何进行逻辑性分析呢？

首要先对销售额这个概念进行分解。影响销售额的要素可分为两大部分：内部要素和外部要素。对于内部而言，团队销售额是销售人员的平均销售额乘以销售员人数。假设销售员人数在这3个月内并没有变化，那么问题就很明显，这家公司的人均销售额在逐月下滑。而平均销售额又可以被拆解为：平均客户数乘以平均订单额。接着，进一步分析出，平均客户数与销售员的开发新客户的积极性和客户流失情况有关，平均订单额又与销售人员的销售能力、销售方向有关。通过分析这些要素，就可以发现究竟是哪一环节出现了问题，这就是所谓的定性分析。

影响销售额的外部要素可以分为三部分：整体市场规模、本公司市场占有率和竞争对手情况。如果通过分析发现，最近该类产品的整体市场规模在不断萎缩，虽然本公司的市场占有率不降反升，但最终影响销售额连续下降，问题的核心就出现市场规模本身。反之，如果市场规模在持续扩张，但本公司市场占有率却悄然下降，问题就集中在本公司的产品竞争性不足。可见，通过对事实的逐步分解，就能找到造成差距的核心原因。

第四步：将相关数据逐步分解，进行定量分析，找出最主要的原因

我们在日常工作中，往往习惯于进行定性分析，而对于定量分析重视不够，认为定量分析仅仅是数据堆砌而已。其实，定量分析可以通过对数据构成和变化情况进行分析，找到问题重心和发展趋势。

仍以销售管理为例。H 作为 S 公司的大区销售经理，管理了一个 10 人团队。H 通过“月度客户管理跟踪表”进行下属业绩管理和优化辅导。

比较 X 和 Y 两位销售人员在 5 月和 6 月的两张表格。

X 销售员 5 月客户管理跟踪表

客户	客户级别（注 1）	预计订单额（K）	成交热度 %（注 2）	预计成交额(K)	上次接触行动	下步行动计划
A	S	100	70% ↑	70	…	…
B	A	50	50%	25	…	…
C	B	380	30% ↓	114	…	…
D	A	40	30%	12	…	…
E	C	60	50%	30	…	…
F	C	120	30%	36	…	…
G（新）	B	60	50% ↑	30	…	…
客户数：7（新增 1）		预计总销售额：317				

注 1：客户级别：根据公司规定，以贡献度和潜力为标准，将客户分为四级，分别为关键客户（S）、大型客户（A）、中型客户（B）、和小型客户（C）。

注 2：成交热度：根据公司规定，以成交意向为标准，将洽谈中的客户分为六类：有需求（10%）、提交方案（30%）、技术沟通（50%）、商务谈判（70%）、准签约（90%）和签约付款（100%）。

X 销售员 6 月客户管理跟踪表

客户	客户级别	预计订单额	成交热度	预计成交额	上次接触行动	下步行动计划
A	S	100	90% ↑	90	…	…
B	A	50	50%	25	…	…
C	B	380	30%	114	…	…
D	A	40	0% ↓	0	…	…
E	C	60	50%	30	…	…
F	C	120	70% ↑	84	…	…
G	B	60	0% ↓	0	…	…
H（新）	B	60	10%	3	…	…
I（新）	C	30	10%	3	…	…

续表

客户	客户级别	预计订单额	成交热度	预计成交额	上次接触行动	下步行动计划
J（新）	C	50	30%	15	…	…
客户数：10（新增 3）		预计总销售额：367				

从以上两张表格可见，X 销售员的销售行为和成果：

▶ ▷ STEP.1 | X 在开发新客户方面表现较强，5 月和 6 月分别新开发了 1 个和 3 个新客户，平均每月新增客户数为 2 个 / 月。

▶ ▷ STEP.2 | X 在推动客户项目进展方面表现一般，以 6 月为例，所有现有项目中，有进展的约为 28.6%，项目取消的占 28.6%，项目无变化的占 42.8%。

▶ ▷ STEP.3 | X 在管理大客户方面表现一般，平均预计订单额为 45.87 万元 / 单。

▶ ▷ STEP.4 | X 在技术驱动方面表现一般，6 月丢失的两单都在技术交流环节出现问题。

分析结论

X 是一位较为积极有冲劲的销售人员，对开发新客户有较大热情，但在技术和项目管理方面缺乏经验。在开发客户需求方面也需要进一步培训，对于一些大单，需要公司配备资深销售人员，对 X 进行协同配合。

Y 销售员 5 月客户管理跟踪表

客户	客户级别	预计订单额	成交热度	预计成交额	上次接触行动	下步行动计划
A	A	150	50%	75	…	…
B	B	200	70%	140	…	…
C	B	130	90%	117	…	…
D	s	90	50%	45	…	…
客户数：4（新增 0）		预计总销售额：377				

Y 销售员 6 月客户管理跟踪表

客户	客户级别	预计订单额	成交热度	预计成交额	上次接触行动	下步行动计划
A	A	150	70% ↑	105	…	…
B	B	200	90% ↑	180	…	…
C	B	130	100% ↑	130	…	…
D	s	90	50%	45	…	…
客户数：4（新增 0）		预计总销售额：460				

由以上两张表格可见，Y 销售员的销售行为和成果：

▶ ▷ STEP.1 | Y 在开发新客户方面表现不良，5 月和 6 月没有开发任何新客户。

▶ ▷ STEP.2 | Y 在推动客户项目进展方面表现优秀，以 6 月为例，所有现有项目中，有进展的约为 75%，无项目取消，项目无变化的占 25%。

▶ ▷ STEP.3 | Y 在管理大客户方面表现优良。平均预计订单额为 115 万元 / 单。

▶ ▷ STEP.4 | Y 在技术驱动和商务谈判方面表现优秀。

分析结论

Y 是一位经验丰富、重点聚焦大客户的销售人员。技术经验和项目管理方面能力很强，但在开发新渠道和客户方面缺乏兴趣。建议对 Y 加强周期性客户培养的意识，同时，让 Y 担任辅导新人的任务，陪同新人开发新客户，增强其拓展业务的信心和兴趣。

第五步：从多种方案中评估风险、代价和利益，选择最恰当的解决策略

无论制订多么严密的解决方案，仍可能会因内外环境的变化而出现意外。因此，要严谨地进行情境分析，评估各项风险，并提前做好风险防范工作。作为系统性的评估方法，情境分析要面对无法掌控的风险要素，对不同的解决方案进行有效性评价，提升组合式解决方案的质量。

如果以环境 / 行动矩阵来思考，纵轴代表环境，横轴代表行动方案。下图的九种方案，显示了某公司在考虑针对环境变化采取的战略行动中，考虑到的可能组合方案。

		采取的战略行动		
		增设分公司	增加产品竞争性	减员以及收缩产品线
外部环境	市场向好	+++	++	−
	市场持平	−	+++	+
	市场萎缩	−−−	++	+++

在环境 / 行动矩阵中，做出了定性和定量评价之后，下一步行动就是从所有的解决方案中进行排除和排序：

▶ ▷ STEP.1 | 排除风险过大的解决方案。

▶ ▷ STEP.2 | 思考各种状况的发生几率，选择最佳组合策略，可以避免单一策略的风险。

▶ ▷ STEP.3 | 思考投资和利益回报，根据公司允许的风险偏好，选择行动。

世界上没有完美的解决方案，只能基于过去的统计和分析者的意见，设定相对恰当的方案。面对复杂问题时，如按照以上策略性思考五步法，详细分析认真思考各个方案的优劣，最终就可以在所有解决方案中找到最恰当的解决方案。

结论

员工的价值与他能够解决问题的难度成正比，能够解决的问题越大、越困难，员工价值就越大。要成为一个有价值的问题解决者，关键在于不满足于解决常规问题，而能积极迎战全新、复杂的难题。在面对复杂问题的时候，学会利用各类分析工具，有逻辑地分析问题的本质，厘清状况，分清主次，推导出多种操作性的解决方法。当我们不断用逻辑化思维方式训练自己，会在不知不觉中，将外部分析工具内化成为个人的思维模式。而我们的行为，就在这些不同的思维模式差异中，形成了效率的高低之分。

第十一章 优化效能之路

1. 工作断舍离

事事都想做，事事都重要，什么都想要，使我们丢失了方向感，也让我们丧失了选择权。

日本作家山下英子的《断舍离》一书引起了全民风潮，其原因就是因为太多不断增加的物品、资讯、事件的涌入，不断挤占我们的头脑和空间，几乎到了无能为力的地步。

每个人每天至少有 150 个不同的任务要完成，但人们仍然不断地往日程表上添加新的任务：工作、学习、兴趣、健康、家庭、人际关系……这些事情都很重要，而麻烦在于，这些任务减少的速度远没有增加的快。每个人都有一张似乎永远完成不了的事务清单。

对于人类有限的生命来说，我们永远不可能完成所有“待完成任务”。有时候，工作有点像玩跑酷游戏，在向前奔跑的路上，会不断出现各种任务、障碍和诱人的奖励，我们不惜一切代价消灭路障，左奔右突，努力去收集那些金光闪闪的游戏币。在游戏中，我们可以反复重来，可生活并非游戏，这种毫无筛选、不惜随时牺牲的奔跑模式给我们带来了什么？能让我们走得更远吗？能让我们走在自己想要选择的那条路上吗？

马克·吐温说得好：我无法告诉你成功的秘诀，但我能教你如何失败，那就是：满足所有人。事事都想做，事事都重要，什么都想要，不但令我们丢失了方向感，也让我们丧失了选择权，失去了选择自己喜欢的道路和自己喜欢的奖品的权利。

在我们面前有一张小桌子，这张桌上堆了不少东西，看上去杂乱不堪。为了保持整洁，我们将这张小桌子换成一张大桌子，不久后，大桌子上又增加了更多的东西。当再次换了一个尺寸惊人的桌子后，同样的事情再次发生……不管把桌子换成多大的，我们似乎总有办法将这张桌子填满。时间和任务的关系也是如此。有多少时间，就会装多少任务进去，如果时间增加了，任务也会相应增加，或者完成每个任务的时间被延长了。我们的自由时间无时无刻被杂乱的任务充斥着。

处理事务的标准和习惯使我们不断走上老路。每次花大力气整理好乱成一团的房间之后，不到两周时间，房间就恢复成原来那个乱成一团的样子。如果不纠正走路姿势，无论换多少双新鞋，每双鞋子都会在一段时间后出现同样的磨损。而你就像一个不倒翁，无论怎样努力摇摆，最终还是稳定地停在“忙”的位置上。

忙并不是客观情况，而是一种主观选择。忙碌的状态并非由事情太多而导致，而是因为某些人主动选择了“忙”，这些人永远会这么忙。一件事忙过之后，他们会遇见更多使他们忙乱的事。很多人沉迷于无头苍蝇似的忙碌中，让自己身处忙碌、睡眠缺乏和压力之中。

忙碌是一种迷幻剂，使人们感觉到被需要、被认可。很多人都被卡在别人让他们参与的进程里而不自知，他们无法拒绝任何一个善意的邀请。如果仅是因为被邀请就去做那件事情，其结果是你牺牲了很多个人时间，参与了一些错误的任务——不适合自己的特长和激情，既没有满足感，也得不到成就感。

很多人没有意识到，他们的超时工作并不是因为工作任务太多，而是没有聚焦。

在企业中，生产力的评估标准不是开了多少会、完成了多少方案计划、拜访了多少客户、打了多少电话和回复了多少邮件，而是人均产值、客单价、市场份额、销售达成率、绩效达成率、部门平均贡献等。聚焦能帮助我们尽可能地集中资源，从而确保产出最大化。

关于聚焦的概念，讲得最透彻的是二八原则。

>> 理论 >>>>>.. >>>>> .二八原则 >>>>>>

二八原则又称为帕累托法则或不平衡原则。此法则是由现代质量管理大师约瑟夫·朱兰（Joseph M. Juran）根据意大利经济学家维尔弗雷多·帕累托（Vilfredo Pareto）的研究而推论出来的。帕累托法则认为：原因和结果、投入和产出、努力和报酬之间本来存在着无法解释的、固有的不平衡。少量的原因、投入和努力会产生大量的收获、产出或回报。若以数学方式测量这个不平衡，得到的大致是 80：20 的关系。也就是 80% 的结果、产出或报酬只取决于 20% 的原因、投入或努力。当然，80：20 这一数据关系仅是一个比喻和实用基准，真正的比例未必正好是 80：20。现实中，还有人将二八原则复合计算，认为“重中之重”——真正重要的事只占据所有事情的 4%（20%×20%=4%）。

二八原则是一个普适性的原则，能有效地适用于任何组织、任何功能和任何个人工作。对企业而言，需要明确最赢利的产品、技术、市场或渠道是什么；对部门或团队而言，要考虑怎样以最少的资金和努力来获取最大的利益和价值；对个人而言，需要明确哪些工作最能产生价值，并努力将其完成得更好。这样，你就可以把大量精力投入到最大生产力的工作或投资中去，同时避免损耗。

想想你的工作中有哪些是属于可以取得 80% 效果的 20%，再想想又是哪些 80% 的工作量只帮助你取得了 20% 的效果。画一张双栏表，对这两者进行分析。你可以试着根据自身情况来调整该比例，从而提高工作效能。比如将某些工作外包出去，花更多的时间培养团队、投入更多精力、调配更多人力来参与一个重要的产品上市计划 ，每个月和团队中的关键核心员工午餐聊天，了解他们的工作近况，等等。

从二八 原则中延伸出去，我们可以获得以下工作指导方针：

- 仅在几件事情上追求卓越，不必事事都有好表现；
- 选择性寻找，而非事无巨细地观察；
- 寻求捷径，而非全程参与；
- 在工作中，不需事必躬亲；只做自己最能胜任且最能产出效率的事；
- 保持平静，锁定关键的 20%，不必苦苦追求所有机会。

“公司的选择性越强就越有效率 (A business is more effective when it is more selective)。”这句话来自现代管理学之父彼特·德鲁克。他还说过：很多公司想要实现的东西太多了，它们为了满足所有人的需求而失去了专注力。如果所谓的机会没有把公司往战略目标推进，那它就不是机会，而是干扰。聪明的公司会找出它们的核心业务并无比专注，同时忽视或消除那些造成干扰的业务或投资机会。这类聪明的公司不仅能在经济衰退时期存活下来，还能在经济回暖时茁壮成长。

这句话，同样适用管理者。哈佛大学公共领导中心主任罗纳德·海菲兹说：“在做任何战略规划时，你其实是在让自己筛选掉将来不愿做的事情。”

当你两手都抓满了东西，你就没有能力再去抓取其他东西。你必须为你想要的东西腾出空间来。当你发现另一个好的机会，你想立刻放下手中的东西，而去抓你想要的东西其实并不太可能。你所承担的任务和角色存在一定的黏滞性，从开始考虑放手到真正放手仍会有一段时间。因此，想要争取新的，就得提前放弃旧的。你必须这么做。

要学会做减法。你根本不用增加桌子的尺寸，只要拿走那些无用的物品，你就可以得到一个干净整洁的桌面。你也根本不用增加工作时间或熬夜，只要减少那些不用去做的事，你就可以得到一个崭新的、高效的工作日。

在《从优秀到卓越》一书中，吉姆·柯林斯推荐管理者应该有一个“Stop Doing List”。他写道：“看看你的办公桌，如果你也是一位进取心很强的领导者，想必也有一份清晰的 To Do List。而你的 Stop Doing List 呢？”

>> 案例 >>>. 大胆拒绝某些“好”机会 >>>>

维姬·哈尔斯是肯·布兰佳公司应用学习课程的副主管，也是耐克、丰田、盖普服饰、美林证券和富国银行等公司的顾问、培训师和大会主讲人。在加盟肯·布兰佳公司之前，维姬曾在教育系统工作。

“我以前是校长助理，后来自己突然意识到：一直这样下去的话，我会毁掉自己。我喜欢什么？我喜欢孩子，我喜欢和孩子们在一起。可我却像个疯女人一样跑来跑去。我列出了16件自己正在做但却不是真正想做的事情。我在负责加利福尼亚州立学校领导力学院一部分的工作，我是州退休委员会成员，我还是校区行政管理组组长。那时候，我认为我需要通过自己做的事情来表明我是谁。后来我认识到自己的想法是错误的，我得先明确我是谁，才有可能证明自己，实现价值。于是，我在 24 小时之内分派了其中的 12 件事情。”

维姬找到了一个非常棒的方法，她意识到，以前的宝贵时间都被用于做与目标无关的事情。于是，她重新设计了自己的工作和生活，努力争取那些必要的工作，并消除一切不必要。

▶ ▷ STEP.1 | **筛选。**当别人觉得我们可以做，并询问我们是否可以做的时候，请不要那么快答应下来。先仔细想想这件事情符合你想做事情的标准吗？每一件事情的价值和工作的方式并不完全相同，“紧急”是客观的，而“重要”则非常主观。有些事情，你不必花太多时间，还有些事你可以授权、外包甚至直接忽略。当你能做出正确选择的时候，你会发现，时间总是够用的。

▶ ▷ STEP.2 | **清空。**把不符合你内心标准和目标的任务逐渐清理出去。同时，拒绝增加新的任务。拒绝同事、客户或朋友的请托。有时候的确很难，但是诚实地说“不”比勉强地接受要强得多。更何况，拒绝并没有想象中那么糟糕，也并不会造成想象中的难堪。没有人能让所有的人都满意，但大部分的人都可以理解你。

▶ ▷ STEP.3 | **远离。**有些人拥有让自己停不下来的特质，有些人需要认可才可以继续工作。他们是活在外部世界的人，从现在开始，找到内心的真正动力，放弃对他人良好评价的依赖，放下过去的成功，将个人价值构建在自我肯定而非他人认同的基石上，你会发现自己变得更自由了。

结论

管理者要学会关注和保持宁静，不要为了满足所有人的需求，而使自己陷入无休止的忙乱中。牢记二八原则，仅在最重要的几件事情上追求卓越。聪明的公司会找出它们的核心业务并无比专注，同时忽视或消除那些造成干扰的业务或投资机会。聪明的管理者也应该找出自己的核心价值并全身心投入，筛选、清空、远离那些不必要的“好机会”。

2 提高工作效能

Making a thing simple is not a simple thing.

把事情变简单不是一件容易的事。

根据路易斯·哈里斯公司的调查，与 1973 年相比，如今美国人平均每周工作的时间多了 20%，而闲暇时间则少了 32%。根据休斯敦美国生产和质量中心的调查，65% 的管理者每周的工作时间超过 50 个小时。根据《华尔街》日报的调查，高层管理者中有 88% 的人每天工作 10 多个小时，18% 的人每天工作超过 12 个小时，是最努力的人群。

在任何一家公司，我们都可以看到那些效率奇高的人，他们似乎一天有 48 个小时，精力旺盛、反应敏捷。但他们并不像想象中那么疯狂地工作。他们的诀窍是，尽量提高工作效能而减轻工作强度。

效率和效能不同。前者追求的是“快速完成工作”，关注能完成多少事，多多益善，以工作量来评判；而后者追求的是“快速解决问题”，更关注工作的结果和产出。效率是一天内参加 6 个会议、回复 50 封邮件；而效能则是一个会议推动了一个新项目的启动，有一封邮件使一个潜在客户决定了整年的合作。每件工作都有其内涵价值和延伸价值，同样是 8 小时的努力工作，结果可能是一张纸的会议记录、三个没有意向的客户，也有可能是一份激动人心的市场计划，让双方都充满感激的管理面谈。

人们需要学会一套行之有效的高效工作方式，提高工作效能。

编制工作清单

几乎所有行业，都正在面临工作复杂性越来越高的挑战。大多数情况下，这些挑战都属于工作内在复杂性，例如不断优化工作流程和规范要求、动态掌握各项营业数据并及时反馈等。人们必须牢记每一项工作内容，并及时完成大量精准的工作。在这种情况下，不管是新人还是熟手，犯错很难避免。

美国医生阿图·葛文德注意到，即使经验丰富的优秀医生，也有可能在某一个时刻疏忽，导致在手术中出现失误，如在 ICU（重症监护病房）中，医护人员承担了难以想象的繁忙工作。每 24 小时中，每位病人要接受多达 178 项护理操作。每项操作都存在着一定的出错风险。根据统计，医护人员的平均错误率大约在 1%，也就是说，每位病人每天会接受 2 次不够规范的护理，虽然这些小过失不会致命，但这些过失可能会引起其他风险。

于是，葛文德提出，编制有效清单可以显著减少不必要的过失、降低风险、增加工作有效性。一份清晰的工作清单可以计划好每一步行动，降低了拖延的可能性，也增加了完成工作的动力。他提出了编制有效清单的六大要点，包括明确清单目的、简化清单、设定清晰的检查点、使用精炼准确的用语、编制合理的版式以便快速查看、通过反馈优化清单。

效率大师大卫·艾伦（David Allen）提出了更具体的建议。他提出，工作清单中的每一个任务都使用动词开头，使模糊的任务变成具体的行动。例如，与其写“星期一的讲演”，不如详细列出要为这次讲演准备的每一个具体行动：收集营业数据、起草演示文稿、插入图片等。研究显示，对目标的描述越明确，成功达成目标的几率就越大。下表列出了一次月度部门会议准备清单。

月度部门会议准备清单

序号	准备事项	确认完成
1	确认最合适的会议时间、安排会议室	√
2	确定会议目标、若干议题，提前 3 天邮件通知与会人员	√
3	邮件邀请特别嘉宾或外部观察员	√
4	提前 2 天，从相关人员处收集业务资料，整理为月度报告	
5	准备业务问题分析和解决方案	√
6	跟进各项目进度，安排行动计划	
7	准备表彰案例，与被表彰人进行交流	
8	根据人数，准备会议材料	

清单不是大而全的操作手册，而是一项有效的系统思维工具。它能够组织起一系列关键步骤，为大脑编织一张防护网。一份好的清单会弥补人们与生俱来的认知缺陷（记忆不完整或注意力不集中），减少工作中的复杂思考，并将有限的脑力用于处理更困难的问题。

在团队内部分享工作清单，也是一种高效的交流工具。它统一了团队间对于工作流程和标准的认知，确保工作质量稳定高效，也降低了任务被拖延的可能。另一个好处是基于工作流程的清单比基于工作结果的指标更受欢迎。

学会做笔记

笔记不仅是信息的记录，更是思维的外部延展。因此，随时记录工作中发生的问题，分析原因得失，思考改善之道，才是工作笔记的重要功能。

工作内容	普通工作笔记	高效工作笔记
会议	会议内容记录	总结会议要点，推动工作进展
项目	项目工作内容和要求	管理项目进度，分析得失
备忘录	待办事项记录，防止遗忘	经验总结，提升效率
日常行政	无	思考如何优化工作流程和结果

一旦合上笔记本，头脑中的内容就转移到笔记本上，虽然对减轻头脑负担有帮助，但也会造成“记完就算了”的局面。为了更有效地暴露问题，要将记录内容可视化，并尽快把问题转化成行动。

2007 年，日本畅销书《减肥笔记》中提出的核心方法并不是让人们节制饮食，而是要求人们如实记录每天摄入的食物，详细到每一份食物的摄入时间、内容和数量。把事实和问题展示出来，能更好地提高人们的注意力，也会自然而然地花更多时间思考，随着思考的深入，新的改善方法就会不断涌现。

便利贴就是一种很好的可视化工具。《别告诉我你会记笔记》的作者美崎荣一郎介绍了两种使用便利贴的方法，用来加强笔记的可视化。一种被称作“检索便利贴”，贴于常用页面上方，可帮助迅速检索信息。当笔记本收纳于书柜时，无须将笔记本抽出来，就可以清楚看见关键词，方便检索。另一种被称为“截止便利贴”，贴于笔记本右侧。即使笔记本是合上的状态，也可以清楚看见自己所设定的任务完成日期，方便安排时间。

使用不同颜色的笔，区分记录内容，也可以加强可视化效果。例如，用黑色代表普通的信息，蓝色代表进一步的分析和思考，红色则代表需要采取的行

动，再加上自定义的符号规则，会使笔记看起来更清晰。

为了让“意识流”不中断，快速捕捉灵感和想法，除了传统的纸质笔记本，还可以利用电子记录工具，如印象笔记、思维导图等软件，一段时间之后，你会发现联想和思维能力有明显的提升。

批量处理任务

为了更快更好地完成任务，人们还需提高处理任务的能力，并找到新方法，以便更高效地解决问题。不同的工作处理方式决定了一件任务的完成质量和效率。而在过去，我们总是将其混为一谈，无论事件大小，在邮件和电话中、在个人思考和与他人交流中不断来回切换频道。表面上看非常忙碌，细究起来则缺乏效率。

工作的四大类型

类型	性质	可能内容	采用方式
独立型工作	不受干扰、集中精力、独立工作，较长时间的个人任务	个人方案、工作计划、项目报告等文档类工作	在不干扰事件段或早上 A 类黄金时间完成
合作型工作	需他人配合的合作性任务，单个任务时间所耗不多，但任务较多	交流、沟通、谈判、会议、辅导	在情绪较好、精神放松的下午 B 类黄金时间完成
按钮型工作	需要及时反馈、等待输入指令才能推进到下一步的任务，所需时间很短，不过没处理好会比较麻烦	邮件、电话、批复、工作反馈	第一时间完成
充电型工作	较为轻松、随时进入或退出也不影响情绪的任务	查阅资料、整理文档、运动、阅读、闲聊	见缝插针完成

任务切换会带来时间和精力上的损耗。无论多么优秀的人，从一个工作任务转移到另一个完全不同的工作任务时，总是需要时间去适应，以便更好地进入状态。假设一位销售人员的工作习惯是打一个电话，查一些资料，再发一封邮件，接着再打另一个电话……这样的工作效率显然较低。而成熟的销售人员习惯于手持听筒，连续打上 10 个甚至 30 个电话。当一通电话结束的时候，仅用手指按下结束健，而不是直接放下电话听筒。直到他觉得完成得不错，需要休息一下时，才会彻底放下听筒，转而去做其他的工作。

以下是一些常见的适合批量完成的任务：

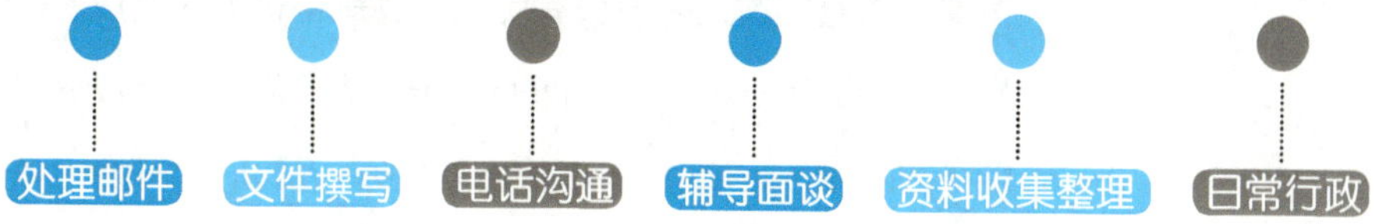

提高工作密度

同样的工作，有些人总是完成得更高效，时间更短、质量更优。除了本身的能力和经验很难被量化的区别之外，还有一个能够被量化的标准：工作密度。

密度很好理解。在常温（20 摄氏度）情况下，金的密度是 19.32 克 / 立方厘米，而铝的密度 2.7 克 / 立方厘米，也就是说，同样的质量，铝要比金大 7 倍多的体积才能办到。而工作密度指的是“工作纯时间”与“工作毛时间”之间的比值，即同样的工作内容，工作密度越低，完成所需时间越多；工作密度越高，完成时间越少。

我们每天拥有的时间是一样的，如果能提高工作密度，减少无关损耗，就能用更少的时间完成工作。在人的一生中，如果始终保持较高的工作密度，就能比别人完成更多的事，获得更大的成就。

苏联生物学家柳比歇夫用了一生的时间来验证这一点。他生前著作颇丰，发表了 70 多部学术著作，还有各种各样的论文和专著，累计 12500 张打字稿。在业余时间里，他一共收集了超过 13000 个生物标本，并对其中的 5000 个生物做了器官切片。

《奇特的一生》中记载了他的真实案例。柳比歇夫在 26 岁的时候，找到了可以奋斗一生的目标：创立生物自然分类法。他先是预估完成这个目标需要的工作量，后来发现工作量实在太大，极有可能终其一生也无法完成。于是，他设想了一种计算时间的工作方法，使自己完成尽可能多的工作。这位活了 82 岁的科学家，从 26 岁开始，每一天都使用这个方法，并奇迹般地坚持了 56 年。无论是战争、迁移还是家庭变故，都不能停止他记录的脚步。直到柳比歇夫最后的那些日子，他仍然在使用这个自创的时间统计方法，他的工作精力和思维效率有增无减。柳比歇夫就这样度过了他奇特而理想的一生。他的日记公正客观地记录了每一天的历史，柳比歇夫非常详细地跟踪自己的时间支出，细化到每一分钟做了什么，就好像是对时间的解剖，他通过这种方法试验自己在读、听、写、工作、思索等方面到底能做多少，以及如何完成。除了记录，柳比歇夫还定期对自己的时间使用做细致的分析和规划，甚至还记录了分析和规划所花费的时间。渐渐地，他对自己能力的评估愈来愈精确。他甚至不用看表，仅凭借对时间的高度敏感性，对任何工作所需要花费的判断误差绝不会超过 5 分钟。

虽然他的时间统计看起来枯燥而乏味，却有着精神上的力量，这不仅保证了最高的工作效率，也验证了他旺盛的生命力。柳比歇夫用他的方法构筑了一张细密的、看不见的时间之网，正是这张网，准确地将抓住了那些其他人没有察觉到的、无端损失掉的、不知去向的碎片时间。

对于绝大部分人来说，详细地记录每一分钟的时间支出并无必要，但如果你期望提高工作效能，可以做一个简单的记录，完整地将完成的工作、花费的时间都如实记录下来，并在一天结束前统计分析，这样的记录至少要有三天。

- 有多少阅读、撰写、电话、会议、访客?
- 按计划完成的有哪些? 未按计划完成的有哪些?
- 有多少突发事件和意外打扰? 分别发生在什么时间段? 哪个时间段的干扰最多?
- 你的纯工作时间有多少? 占所有工作时间比例是多少?
- 你把时间浪费在什么方面了? 在哪一方面浪费的最多?

当你发现存在的问题，你也就获得了解决方法。常常有人抱怨说自己的工作执行和计划差得太远。其实真正的原因是我们处在混乱之中，从未观察和总结自己的用时规律，并做出积极调整的缘故。对自己每天的工作和时间花费进行不断衡量、改进，是一条永不停顿的自我认识、自我突破的道路。

结论

管理者需要工作更长的时间，管理更庞大的业务和项目，应对更复杂的挑战。面对时间和工作任务的双重压力，管理者需要有一套行之有效的提升工作效能的方法。卓有成效的管理者通过编制工作清单、学会做笔记、批量管理任务、提高工作密度等方法聚焦重点，有效提高工作效能。

3 从工作复盘中寻找改善契机

未经反省的人生不值得一过。——苏格拉底

初学围棋的人有一个常见问题，就是基本走法都会，但就是下不过对方。有以下方法可以帮助改善。

▶ ▷ STEP.1 | 先从古棋谱学起（学习经典理论）；

▶ ▷ STEP.2 | 解拆古残局（开阔眼界，拓展思路）；

▶ ▷ STEP.3 | 研究各种布局（储备各种工作方法）；

▶ ▷ STEP.4 | 找高手对弈（挑战自己，从事比自己能力更高的任务）；

▶ ▷ STEP.5 | 常常复盘（了解工作成败的原因，即时纠正改善）。

其中最重要的是“复盘”。复盘不同于总结。总结只是告诉棋手这一盘棋哪里下得好，哪里下得不好，哪里是问题手。复盘则可以让棋手对下得好的子、下得差的子或者是问题手等进行探究，找到得失原因。对于问题手，则试试有没有其他下法，其他下法导致的后续变化与应对是什么。

复盘能帮助棋手事后延长思考，分析应对思路，了解自己的思维缺陷，更重要的是重新布局。因此，复盘除了有总结的作用，还使我们对各种可能性及后果进行审视，以找到最佳的方法和出路。

个人管理同样如此。对于工作来说，最重要的不是完成，而是提升。职业经理人要养成定期检点工作内容和成效习惯，通过对已完成任务的检查和分析，找出其中的得失和成败关键，寻求改善契机，才能在下一次表现更优异。

在工作中，职场自我成长的最佳方法就是“工作复盘”。小到个人的工作习惯，大到团队的项目设计、公司的战略制定，一切工作都可以复盘。

工作早期，职场新人要学会“行为复盘”，即每天下班前或临睡前，快速回顾自己当天的工作，今天开了什么会、打了哪些电话、写了多少邮件、有没有被认可或批评、效率怎样、结果如何，总结得失并提出改善计划。对自己有更高要求的人，甚至可以把自己日常工作交流、对话用录音笔录下来，回放分析。通过录音回放，会发现很多需要改善的问题，诸如表达逻辑性不强、交流目标不明确、缺乏总结与良好准备、不够自信、反映较慢等问题。接着，可以根据发现的问题列出有针对性的改善计划，设定改善目标、时间和内容。

IBM 公司电信行业前客户经理胡震生曾写过一本商战小说《做单》。书中名叫谢正的销售人员在进入公司一年后，业绩始终上不去，面临被公司炒鱿鱼的局面。为了保住自己的工作，谢正贴身观察上司 James 的日常行为。观察 James 每天几点开始上班，几点离开公司，每天来公司之后的第一件事情是什么，他还在上司的座位旁边放一支录音笔，录下对方所有的交流、沟通内容。

通过连续五天的观察和学习，使谢正对 James 佩服得五体投地。谢正又通过录音笔的内容，总结 James 的说话方式和分析方法，然后对照并发现了自己的三大问题：第一，不能在最短时间内表明自己的目的；第二，不能在最短时间内发现对方的需求；第三，不能在最短时间内把事情按重要性排序处理。于是，他强迫自己改善这三个问题。无论多复杂的事情，必须在三秒钟、二十个字内描述清楚；每次电话的时间不超过三分钟，见面时间不超过十分钟。他还要求自己与任何人沟通之前，通过观察其细节，三句话内必须说出他最关心的话题，并为此次对话的目的服务。最后，他强迫自己三个月内只接电话、不打电话，事情能不处理就不处理，只做那些缺自己不可的事务。

书中的“谢正”正是胡震生根据亲身经历所塑造的人物。胡震生在 IBM 公司最初的一年里，因为完全没有销售工作经验，既不懂得如何去邀请客户，也不懂得如何将产品成功地推荐给客户，销售业绩在团队中是最后一名。上司对胡震生感到非常失望，批评他讲话水平太差，要求他每天上班坐在自己的办公室附近给客户打电话。为了改进业务。胡震生索性睡在办公室，每天仔细观察当年 IBM 最年轻的全球副总裁叶成辉的工作习惯。胡震生的“复盘”举措成功挽救了自己的职业生涯。

中层管理者经常要管理项目，高层管理者要制定策略或进行创新，往往很难从历史或他人的行动中借鉴参考。“项目复盘”可以回顾分析团队或项目的工作内容和结果，厘清问题，从而提升管理绩效。

01. 管理者要分析自己在项目中的得失。

从结果来看，工作或项目有哪些步骤是非常关键的？如何优化这些关键点？

我当初对这件事情的判断是什么？什么影响了我的判断？如何能提高我的分析和判断能力？

我团队中的成员对这件事情，是否和我有同样清楚的认识？如何帮助他们了解这些内容？

为了使这件事做得更好，还可以尝试什么其他方式？何时开始？

为了使这件事做得更好，我还可以提高什么方面的能力？如何提高？

我有没有了解相关负责人对这件事的看法？如果有机会改善，他们希望能改善哪些方面？工作的效率和预期相比如何？如何提高处理类似工作任务的效率？

在工作中，有没有发生危机或失误？如何减少和控制类似风险？

02. 管理者也要通过集体参与的方式，帮助团队成员分析得失，改进行动。

美国陆军有一套针对项目的专业性讨论方法，称作任务后检视方法（After Action Review，简称AAR。美国陆军对于AAR的定义是：对一事件的专业性讨论，着重于表现标准，使参加者自行发现发生了什么、为何发生，及如何维持优点并改掉缺点）。AAR不同于问题诊断或项目分析会议，也不是品质管理PDCA循环的替代品，它的关键目的不在于评定对错，而在于学习。参加AAR的人了解他们的谈话是导向于学习，目的是尽快缩短行动与学习间的差距与速度。

步骤一 **目的。**当初行动的意图是什么？当初行动时尝试要达成什么目标？是怎样达成的？

步骤二 **事实。**实际上发生了什么事？为什么？怎么发生的？真实地重现过去所发生的事，并不容易。这不仅因为人类的知觉与推论历程存在很多偏差，而且不同人出发点不同，所看到事情也会不同。因此，AAR 采用了时间和关键两个维度进行全面分析：1. 依时间顺序重组事件；2. 成员回忆他们所认为的关键事件，并优先进行分析。

步骤三 **收获。**我们从过程中学到了什么新东西？如果有人要进行同样的行动，我会给他什么建议？

步骤四 **行动。**如何将学习转化为行动？知识是存在于行动中的，知识必须通过应用才会发挥效用。行动根据时间长度分为三种：1. 短期行动：可以被快速采取并可立即产生效益的行动；2. 中期行动：影响系统、政策和组织的行动；3. 长期行动：与基本策略、目标和价值观有关的行动。

步骤五 **分享。**谁需要知道我们生产的这些知识？他们需要知道什么？杠杆性地把“有用知识”有效地传递给组织中其他“有用的人”。

AAR 能取得良好的效果，是因为它不仅分析行动、总结得失、找出问题、分析原因，从中总结出规律性，更将这些知识和技能固化成内部知识库，并有效地传递给组织中的其他人。

复盘中学习的成果，要尽量快地带到真实的工作环境中去，避免将学习和实际工作割裂开来，成为多余的装饰。复盘无论大小，如果能够把自己的每一个工作经历都变成进步的阶梯，复盘者就会不断进步，成为各方面都非常杰出的优秀人才。

在复盘中，我们应当如何看待诸如内部和外部、主观与客观，以及成功与失败等诸多问题。

复盘需要注意的是，对于一件事情的结果，总会有主观和客观原因的双重影响。但真正的复盘、推演是积极客观的，除了用严谨的眼光审视过去，分析人与事，认识到自身的不足和缺点之外，还能以一种健康的心态来调整和改善不足。

《危机启示录》的作者吉姆·柯林斯曾表述过“照镜子”和“看窗外”的思想。“照镜子”的意思是了解自身发生的问题，剖析现状，从自身查找原因，以求改善。而“看窗外”则意味着洞见先机，明察趋势，周期性地了解本行业的市场变化，包括同行的新产品与市场策略、潜在客户的需求变化。只有同时使用“照镜子”和“看窗外”的方法，才能防范危机，不断进步。

有人认为：人生中所有事件的发生，都有其存在的意义和必然性，存在即合理。即使是负面的事情也会有正面意义，比如压力可以让表现更好，生病可以提醒自己注意身体健康，困难的工作可以锻炼我们。总之，所有的一切都是人生的礼物，能帮助我们成长，可以提升我们的人生经验。

而持否定意见的人认为：价值和意义概念不同。有些经历有意义，但并非所有经历都有价值。比如，不一定要等到生病才知道健康的重要，在一份明显没有前途的恋爱关系和工作中浪费一年的时间，也不会为你带来什么积极意义。而意义只是我们赋予这些事情的正面标签，是为了宽慰自己，让自己重拾信心。

深入分析一下这两者的思维模式：前者看起来更积极，凡事先从自己身上找原因，古人谓之“行之不得，反求诸己”，不抱怨、不强求，在潜意识中会带来自我宽慰的感受。但是，纯粹的、绝对化的自省也会带来对挫折的感恩，往往会让类似的事情一再发生。而从长期来看，后者的思维才是更客观、更积极有效的。他们除了寻找自身的问题，更积极地寻求他人的经验和意见，试图在事情发生前，就对事件有更好的预测和掌控。如果负面事情发生，他们也会接受事实，但不会自欺欺人地认为发生的就是好的，而是积极地寻求改变。在某种程度上，外求个性的人因为具备积极个性，犯错误的机会更少。

前者并不会因为是亲身体验，而获得比后者更深刻的教训。能从别人的失败中学习，我们就节约了最宝贵的时间成本，也避免了必然会到来的伤痛。人类的进步本来就是依赖于前人的智慧和经验而实现高速迭代学习的，如果否认这一点，我们就不可能这么快享受到日新月异的技术带来的便利。

结论

真正的复盘是理性、客观、积极而严谨的，其目的不在于评定对错，而在于高效学习，以一种健康的心态来调整和改善不足。工作早期，职场新人要学会“行为复盘”，根据发现的问题做出改善。有经验的管理要学会AAR“项目复盘”，在找出问题、分析原因的基础上总结出规律，将知识和技能固化成内部知识库，并有效地传递给组织中其他的人。

第十二章 突破职业极点

1. 摆脱职业衰竭

面对压力，人们要学会的不是拿起武器和压力抗争，而是适时地调节压力，让自己重新恢复弹性。

我们中的相当一部分人，一早起来就已经对一天要做的事情感到疲倦了。有的人说，我就是没办法开始。对很多人来说，每天上班就好像开启了一个小马达，工作负荷、人际关系不断地刺激着精神和身体。调查显示，96.6%的被调查者反映工作中有压力，并带有不同程度的心理疲劳、紧张和焦虑；6.9%被调查者认为压力严重超过可以承受的负荷；从来没有焦虑的人仅占了不到1%。在这份调研中，压力感受最大的人群集中在20～40岁，女性比例为60.9%，显示中青年女性所面临的职场压力并不亚于男性。而国外的统计也表明：尽管生活水平不断改善，但美国人出现沮丧情绪的年龄却一直在提前。年轻人比他们的上一辈更早地承受了情绪低落。

这些人所缺的并不是体力，也不是意志力。

1961年，美国作家格林尼（Creene）的小说《一个枯竭的案例》（*A Burn-out Case*）描写了一名建筑师因为不堪忍受精神上的痛苦和折磨，放弃自己的工作，逃亡非洲原始丛林的故事。1974 年，美国精神分析学家弗罗伊登·伯格（Freuden Berger）首次将枯竭（Burn-out）一词引入心理健康领域，接着，众多研究者开始研究职业枯竭问题。

导致人们陷入职业枯竭的不仅是工作环境、工作氛围、工作节奏、工作强度、人际关系等现实问题，也取决于我们对这些问题的掌控和处理能力。饱受压力折磨的人在工作上容易陷入懈怠状态，如难以专注于工作、完成工作困难、容易忘事。在生理上容易疲倦、缺乏精力，在心理上会周期性地陷入情绪低谷、缺乏自信、焦虑、担心、忧郁、情绪易失控、缺乏幽默感。

1982 年，美国社会心理学家克里斯蒂娜·马斯莱斯（Christina Maslach）等人开发了职业枯竭问卷（Maslach Burnout Inventory），即著名的 MBI 问卷。此问卷有三个不同的版本，分别列有 16 ~ 22 个项目，主要检查了对象三个维度的表现情况：情绪衰竭、去人性化和个人成就感缺失。情绪衰竭指人们对工作缺乏激情，有挫折感、紧张感，甚至害怕工作，情绪资源耗尽，无法调动自己的积极情绪来完成工作。去人性化（在某些文献中被翻译成“玩世不恭”）指对工作有疏离感，刻意与工作及其他与工作相关的人员保持一定距离，对工作不热心、不投入，对工作的意义表示怀疑。个人成就感缺失是指认为自己不能有效地胜任工作，完成工作后也无法获得成就感，对自身持有较多负面评价。

国际通用版职业枯竭问卷（Maslach Burnout Inventory General Survey，MBI-GS）淡化了职业差异，经多次验证，具有很高的信度和效度。

传统观念认为，在压力环境下，可以提高人们的表现水平，完成更具挑战的任务，工作效率更高，而且能让你更加奋发图强。所谓“那些杀不死你的东西会使你更强大”。但最近的一系列科学实验却打破了这个传言，研究发现，压力导致的焦虑会让一项简单的任务变得更难完成。

莫泽在《国际心理学期刊》上发表了一项研究成果。该项研究设定 79 名女学生和 70 名男学生共同完成一个辨别字母的练习，并对他们的大脑活动进行实时监测。研究发现，高度焦虑学生大脑中的前扣带皮层（控制焦虑的中枢脑组织）表现，比其他学生活跃得多。莫泽称，一旦这些焦虑的女生开始犯错误，会使得她们的错误率远远超出其他学生，这就意味着焦虑引发的压力让她们付出了额外代价。

德国研究人员做了另外一项对比实验，研究不同压力水平下，人们完成新任务的欲望和结果。令人大跌眼镜的是，承受压力者比普通人的积极进取意愿更弱，他们更容易安于现状，而不容易做出改变。

德国波鸿鲁尔大学认知心理学家拉尔斯·施瓦贝带领同事征募一批大学生。这些学生一共有 96 名，体重正常、身体健康、饮食偏好为爱喝橙汁和巧克力奶。研究人员把他们随机分成 4 组，第一组服用氢化可的松，提升体内皮质醇水平；第二组服用一种名为“育亨宾”的药，提升肾上腺素水平；第三组同时服用上述两种药；第四组仅服用

手机扫描二维码

国际通用版
职业枯竭问卷

安慰剂。

随后，研究人员让志愿者执行第一项任务：内容是挑出特定符号。完成任务之后的奖励是可以无限量食用橙子或巧克力布丁。这种随意食用的安排目的，正是为了在稍后的第二组任务中“降低奖励的价值”。举例而言，任意享用巧克力布丁，减少了可可对志愿者的诱惑，随意吃橙子则减少了橙汁对他们的吸引力。

执行第二项任务时，志愿者可以保持老习惯，选出与第一项任务中相同的符号，获得同样的奖励——巧克力奶或橙汁；也可以挑选任务难度更大的不同符号，并获取新奖励。

结果显示，服用安慰剂的第四组志愿者对第一次奖励感到不满足，并朝新奖励努力。只服用一种压力激素的第一组和第二组志愿者也开始努力争取完成新任务，以获得新奖励。但同时服用两种压力激素药物的第三组志愿者仍选择相对简单的第一次任务——挑选相同符号，以赢取巧克力奶（虽然他们之前已经无限量食用了巧克力布丁）。

为何第三组人员不愿意选择更高难度的任务，来获得更高奖励呢？这和他们服药导致的体内压力水平增加有没有直接关联呢？研究人员借助功能性磁共振成像技术（MRI）扫描第三组志愿者的大脑，发现与目标导向行为相关的眶额叶皮层和内侧前额叶皮层两个区域活跃度降低，而其他的大脑区域活跃度没有明显差异。这说明两种压力激素相互作用降低了大脑与目标导向行为相关区域的活跃度。研究人员在美国《神经科学期刊》发表的论文中

>> 测试 >>>>>.. >>>>>> .工作压力量表 >>>>>>>

这份量表主要是用来检测工作压力来源和压力程度。如果该描述不符合你的工作状况，请选择不适用。如果该描述符合你的工作状况，请从“没有压力”至“非常有压力”中，选择你所感受的压力程度。请根据你在工作上的实际情况及感受到的压力程度回答下列问题。你可以从这张压力量表中发现你的压力来源，并努力去解除这些压力威胁。

写道：“过强的压力激素造成对目标导向系统的损伤，会引起习惯性行为，容易削弱人们改变行为的能力。”由此看来，高压力并不等于高动力，至少承受高压力的人们更难做出改变行为，完成新的任务和挑战。

手机扫描二维码

工作压力量表

压力的持续时间会对人们造成很大的影响。即使是一些轻微的压力，长期累积之下，也会变得大到无法承受。面对压力，人们要学会的不是拿起武器和压力抗争，而是适时地调节压力，让自己重新恢复弹性。

结论

焦虑、抑郁、亢奋、感觉疲倦，都是压力的不同体现。如果压力问题持续得不到改善，会催生大量的生理和心理健康问题，也会转变成更为严重的职业衰竭；表现为情绪衰竭、去人性化和个人成就感缺失。人们要敏感地意识到压力对自己的影响，通过辨析压力来源，分解压力，让微小的调整变化渗透到工作和生活中，让自己重新恢复弹性。

2 我们的“钟摆”正常吗？

人们都在消耗精力和补充精力中不断循环往复，并尽力保持一种微妙的平衡。极端就意味着潜在的风险。

请思考这十个问题：

Q1: 你觉得和你的同事相比，你的精力充沛吗？

Q2: 你认为能够长时间保持精力集中（如连续工作14个小时、常年高强度的出差）吗？

Q3: 你对于连续多日加班、同时处理5个以上不同的项目、一晚上回复了50封邮件，是感到自豪还是痛苦？

Q4: 你每天晚上临睡前是在紧张地工作还是在做一些让自己放松的事？

Q5: 听说过“工作狂”、“过劳死”吗？你周围有这样的人吗？

Q6: 你认为在同样的时间内完成高质量的工作的关键是什么？

Q7: 你会经常注意力不集中吗？ 到了晚上该睡觉又睡不着？ 你觉得这是什么引起的？

Q8: 缺乏忍耐力、经常情绪失控、陪伴家人成为一种负担而不是享受，这是为什么呢？

Q9: 如果说“杀不死我们的压力使我们更强大”，那为什么你的压力越来越大，而你却没有变得越来强大，反而变得越来越暴躁和虚弱呢？

Q10: 如果你对以上9个问题都有不同程度的困惑，那么你是否已经意识到了什么？

人们在承担更高职位的同时，随之而来的，是工作任务的复杂性和挑战性不断升级。为了完成更多的工作任务，人们倾向于工作更长时间，加班、放弃休假，甚至放弃家庭生活，有些人已经不是“更加努力地工作，而是已经工作到了极限”。有些行业的员工实行996工作制（早九点到晚九点，每周工作六天），甚至一周工作80至100小时，某些管理者几乎丧失了属于自己的全部个人时间，并不断剥夺自己的睡眠时间。

在职场上获得胜利，光靠努力工作是不够的。有不少人把自己当作一匹赛马，通过不断地抽打自己来赢得胜利。的确，某些人通过这样高强度的工作方式，确实取得了更高的职位和成绩，但我们同时要意识到：长年累月工作狂式的工作是危险的。人非机器，有自然的生理属性，张弛有度才是正道。

人们发现，工作的效率和完成度不仅与时间安排有关，还与人们的头脑和精力有关。想想看，如果你一天只有2个小时能保持精力集中的高效工作，而其他时间都是在不断地被干扰和自我干扰中度过，时间管理又能派上多少用处呢？

如果说时间管理的核心是事情，那么精力管理的核心就是人，它关注人们是怎样逐渐损耗精力的，以及使用什么样的方法可以重新恢复精力，全面投入到重要工作中去。

我们做每件事都需要耗费精力，遇到一些特别困难的事情和重要决策时，精力耗费尤其严重。某些人可以长时间地保持精神集中，而另外一些人总是在工作一段时间之后出现心烦意乱、注意力不集中、效率低下等状况。即使我们帮助他们排除了干扰源，或者将重要的工作提到效率最高的早晨完成，问题依然存在：有时间，但没有精力；或者有精力，但没办法保持长时间集中精力。

每一天，人们都在不断消耗精力和不断补充精力中循环往复，并尽力保持一种微妙的平衡。精力就好像是人的燃料，燃料不足，就会降低工作效率。想一想骨折之后的石膏固定手术，打石膏是为了保护受伤的肢体免受“压力”伤害，一旦时间过久，肌肉就会因为长时间不用而开始萎缩。人的精力也是如此，过多地消耗精力，却没有及时恢复，最终会导致精力衰竭；而缺乏足够的压力，最终也会导致肌体的退化和虚弱。任何极端都意味着潜在的风险。

健康的精力管理就像一个钟摆，不断地左右（消耗精力和补充精力）摆动，不偏不倚，不紧不慢，只有这样，才能代表它是正常工作的。

那么，我们的“钟摆”正常吗？

基于身体上的遗传因素，某些人天生具备良好的身体素质，很少生病，能忍耐高强度、长时间的工作，并且较少感到疲惫。有些工作勤奋的管理者可以每天工作 12 小时以上，甚至在过去工作的十年中从未请过一次病假。人们甚至觉得这是高级管理者的标志，但这只是表面现象而已。这些人很少休息并不是因为他们不需要休息，有些时候只是压力上瘾，而无法停止高速运转而已。这是因为他们在高强度工作中催生了身体内的压力激素，如肾上腺素、去甲肾上腺素和皮质醇，这些激素会让人感到兴奋、刺激。当压力减退时，他们又会不由自主追求那种“压力”带给他们的兴奋感。只有压力才会让他们感觉到正常，一旦没有事情可做，他们会感觉到无比失落，丧失安全感甚至自尊。但压力上瘾的后果非常严重。因为，当人们在高强度下工作达到一定的时间，就没有能力回到正常状态了。这种情况就像一个被长期拉伸的皮筋失去了原有的弹性，无法恢复原状了。

有些人（这些人越来越多）把自己的日程安排得极满，虽然他们也会象征性地抱怨“太忙了，什么时候可以好好休息一下”，但事实令人悲哀。他们陷入了超速传动，没有能力去关掉那个热得发烫的引擎。麻烦的是，大多数人在出现严重的情况之前，都非常乐观。对于很多高级管理者和企业家而言，精力充沛、工作时间超长似乎已经成为他们的职位标配。他们认为管理者理所应当这样精力充沛、一心多用、随时在工作。他们视这种工作方式为职业美德，并深感自豪。事实是否真的如此呢？

>> 案例 >>>. 停不下来的南希 >>>>>. >>>

南希·伍德哈尔（Nancy Woodhull）是精力充沛的化身，她是《今日美国》(*USA Today*)的创始人之一，是一位非常成功、生活繁忙且丰富多彩的管理者。她曾经解释说："我不是那种坐在游泳池旁什么也不做的人，我把录音机带到游泳池边，我有了什么想法就可以把它们录下来。要是不能那么做会让我很有压力。人们会对我说：'南希，放松，给自己充充电。'我说：'把这些想法记下来会使我重新焕发活力。'有个录音机能让你工作更有效率。手机、电脑也一样。你带着所有这些工具，就真的不需要停工时间了。任何人、任何地点、任何时间都可以找到我。"在伍德哈尔谈了这种做法后没几年，她就因癌症去世了，终年 52 岁。

客观地说，我们不能断定南希的工作习惯和她的早逝之间有必然的联系。虽然长时间的工作并不会直接导致患病几率增加，但是如果一位经理对自己能够承担长时间高强度的工作深感自豪，丝毫不愿意停下来（或不能停下来）进行必要恢复的话，他的健康风险就会大幅增加。

日本是过劳死发生率最高的国家，据统计，日本每年大约有 10000 人的死亡和过劳死有关。相关的研究表明，导致过劳死发生有五个关键因素：

- 工作压力大，得不到休息；
- 妨碍正常恢复和休息的超长工作；
- 妨碍正常恢复和休息模式的夜间工作；
- 没有假期、没有短时休息的持续工作；
- 高强度的体力劳动和持续的有压力的工作。

显而易见，这五项因素的共同点是长期的高强度工作造成精力损耗，却没有及时地补充体力。短期高强度的精力消耗并不会一定导致人们精力衰竭，但精力消耗太久却得不到及时恢复，却是危险的，甚至是致命的。

很多职业经理人多年来一直过着不平衡的生活。当人们通过努力奋斗走到更高的位置上，却被各种工作和生活难题困住，他们该怎么办？

>> 案例 >>>. 失衡的“成功”人士 >>>>>>

罗杰今年 42 岁，是一家大型软件公司的销售副总裁。他的收入有 6 位数，负责美国西部 4 个州的业务，18 个月前，他刚被任命为公司的副总裁，这是他在不到 6 年的时间里得到的第 4 次提升。他结婚 15 年了，妻子雷切尔今年 39 岁，是学校的心理医生，平时工作也非常繁忙。他们有两个孩子——9 岁的阿莉莎和 7 岁的伊莎贝尔。两个孩子的日程安排也很满，他们的生活非常充实。

罗杰新的工作要求很高，他要管理分布在 4 个州的 40 个人；在办公室，罗杰一天会收到 50 ~ 75 封电子邮件和至少 24 个留言，此外，他有一半的时间都在出差，并使用智能手机随时随地收发电子邮件，在回家的路上，他通常把时间花在用手机回电话上，晚上和周末他则回复电子邮件。即使全家外出休假，罗杰也几乎从未从工作中摆脱出来。

他和老板的关系不太融洽，管理下属也很困难。工作方面，预算控制得很紧，销售压力越来越大。更严重的问题是，尽管他花了更多时间来工作，但工作效率更低了，他发现自己总是在处理别人的问题，而很少安排自己的日程。

在生活中，他时常感到疲劳，为没有花更多时间陪伴家人而感到负疚。这也导致了他和妻子之间出现矛盾。

焦虑感和无能为力感像两把重锤，不停地敲击着罗杰。他几乎不能承受了。

罗杰来到位于佛罗里达州奥兰多的效能训练基地，完成了一份测试。结果显示，他最主要的五个效能障碍是精力不济、缺乏耐心、思维负面、人际关系消极、对工作和生活都缺少热情。罗杰还做了几项身体测试，结果非常不理想。他的生活方式和饮食习惯也非常不健康，睡眠甚至要依赖安眠药。

这就是经理人罗杰的生活，其中一些特征也可能是我们生活的一部分。帮助罗杰摆脱这种生活，思考可能的解决方法，实际上也是在帮助我们，或者是未来的我们。

罗杰的问题是全方面的：超时工作、身体素质不良、饮食习惯不健康、没有时间和家人建立积极的情感联系，而且这些导致了更多的恶性循环。这些既是原因，也是结果。而且我们发现，其实罗杰是意识到这点的，却没有动力去改善。

因此，首先要解决的是罗杰的动力问题，在提了一系列涉及他的榜样、理想状态、经验教训等问题之后，罗杰整理出了他的目标：

“在生命中，我第一要考虑的是我的妻子和孩子们。为了让这成为现实，我必须还要照顾好我的身体。在工作上，我要高标准要求自己，作为一名管理者，我要和善、关心他人和诚信，无论我做什么，都要全心全意。”

然后，罗杰开始制订改善计划，内容包括每天吃早餐、限制下班时间、限制每周和客户晚餐时间，以及一周锻炼三次。然而，第一天在晚上 8 点离开办公室之后，罗杰变得焦虑和无所适从，于是，他把车停在家附近的一个小公园旁边，眼泪忍不住地流了下来。当他离开小公园回到家里的时候，心情已经平静很多了。

罗杰发现在小公园的独处时间给了他恢复精力的机会。第二天他做到了计划中的所有事情，但是他在回到家之前，又去了那个小公园，并在那里停留了15 分钟，思考今天的行为和明天的计划。

罗杰发现了精力恢复的秘诀：人们需要一些特定的仪式让自己缓冲。在后续的几个月中，他逐渐建立了更多类似的“仪式”，比如晨起的小纸条、锻炼的音乐等。罗杰正在良好的恢复中，虽然他的所有计划都不是针对工作的，但他还是很明显地感受到精力和情绪的改善使他的工作效率、敏锐度、创造性思考都大大增强了。他的钟摆终于开始正常工作了。

以下是一些特别简单的建议。

- 了解什么对你最重要。确定你的所有行为都符合你的理想和价值观。
- 管理你的身体能量，照顾好你的身体，包括最基础的饮食、锻炼、睡眠和工作中的小憩。
- 将工作分隔成可以管理的小阶段，而不苛求自己一下子跑到底，时常注意投入和恢复。
- 从最重要的人际关系中付出感情和得到照顾。
- 建立你的个人精力恢复仪式，保持灵活。注意，没有什么是“一定”、“绝对”的。

理想的工作和生活有赖于我们对投入和退出的有效管理。人们应当有能力在迎接挑战的时候全方位投入，而且要定期让自己适时退出以补充精力。

身体和情绪的能量是我们的一切行动的基础。身体健康的人比不健康的人头脑更活跃，行为更果断，做一件事情全力以赴的决心也更强。而情绪健康的人比情绪不良的人自控能力更强，情绪上承受力更大，更容易从积极的方面去思考问题，而不是批判和自责，同时也更容易拥有创新精神。我们不止一次听说过，伟大的科学家们在发现一个新定律的时候，往往并不是在严格的工作状态中，而是在洗澡、散步、和友人交谈，甚至在梦中，他们突然发现新的想法从天而至。创造力的最佳状态是依赖于思考与放松，工作和休息，投入和退出之间的活动。如果他们连续24小时工作，反而可能与新的创造失之交臂。

“人的精力在一整天的工作中会有高低起伏，不可能始终保持一贯的注意力，这是由生理规律而非个人意志决定的。”

人的生命活动节奏和变化有其特定规律。德国著名内科医生威尔赫姆·弗里斯、奥地利维也纳大学心理学教授赫尔曼·斯瓦波达和奥地利因斯布鲁克大学教授阿尔弗雷德·特里切尔博士通过一系列的研究，发现了著名的生物周期节律（Biological Rhythm），证明了生物体（也包括人类）的生命活动节律及其变化规律。生物体在长期的进化过程中为适应生存环境的变化，逐渐形成和完善了生命节律。对于所有生物来说，存在四种不同的生物节律，包括近日节律（也叫昼夜节律，接近24小时一次的周期节律）、超日节律（一天超过一次的周期节律）、亚日节律（比一天更长的周期节律）和近潮汐节律。与人类行为活动相关的主要是前两项：近日节律和超日节律。

近日节律（Circadian rhythm）是一种以24小时左右为周期的变动，又称昼夜节律。近日节律与人类的活动关系密切。当节律遭扰乱，会导致食欲下降、工作效率降低、事故增多。一般来说，人类的生命力以午夜到凌晨最低，大部分自我控制的失败及其他糟糕的决定都会发生在这些时候，如冲动犯罪、药物滥用、酗酒、滥交等，而绝大部分自杀者会在凌晨2～4点做出决定。我们每天的精力是每隔 90 ~ 120 分钟，呈周期性起落，生理功能、工作学习效率、情绪都与之相应，同步呈周期性波动。这是由生理规律而非个人意志决定的。这与我们的深度睡眠和浅度睡眠交替进行的规律非常一致。根据近日节律，人的精力在一整天的工作中会有高低起伏。精力旺盛时，人们头脑敏锐，思维活跃，行为果断，工作效率非常高。但精力衰减时，会出现打呵欠、伸懒腰、反应迟钝、精力不集中等情形。如果不加以区分、没有重点地安排工作，很有可能会陷入精力不济、意志力低下的情况中。

1800 多年前，希腊人费莱维厄·费罗斯切特斯（Flavius Philostratus，公元 170—245 年）在为希腊的运动员撰写训练手册时就提出，利用活动时间和休息时间的交替，能最大限度发挥运动员的效能。马特维耶夫（Matveyev）在 20 世纪 60 年代建立了经典的运动训练周期理论，通过在不同的时间段安排不同的训练内容和训练负荷来提高运动员的成绩。对运动员来说，他们对周期性精力恢复的理解，比我们身在职场的人深刻得多。对他们来说，周期性的高强度训练和休整之间的循环，可以有很多种方式。有些是大循环，比如四年一次的奥运周期；有些是中循环，例如每一年的赛季和休整季；有些是小循环，在每次特定项目的训练中都包含有“全力以赴”和“放松一下”的时间。

平衡压力和恢复之间的关系，不仅对竞技体育至关重要，对商业和生活的影响力也非常明显。当你掌握了良好的精力恢复的技巧，其结果就是：你的时间和精力得到了保障，感觉比以前更快乐、更自在、精力更充沛而且充满自信。

避免压力上瘾，在精力被完全耗尽前，要充分地提供补给，通过管理身体能量、分隔“大”工作为“小”阶段、间歇性休息等方法恢复精力，确保在完成任务的过程中能保持高效的工作效率。

结论

精力是我们一切行动的动力基础。精力高低优劣与否与我们的工作生活休戚相关。要恢复健康的精力，必须从动力开始，确保行为符合理想和价值观，保持身体能量，将工作切分成可以管理的小阶段，从重要的人际关系中付出情感和得到照顾，以及保持灵活性。当你掌握了良好的精力恢复技巧，你就会感觉比以前更快乐、更自在、精力更充沛而且充满自信。

3 制订 B 计划

当现有工作失去魅力或不复存在时，我们还可以做什么？

心理学家约瑟夫·坎贝尔（Joseph Campbell）曾用一句很精妙的话诠释了中年危机：“中年危机好比是当你爬到梯子顶端，忽然发现梯子架在错误的墙上。”十年前，中年职业危机普遍发生在 45 ~ 55 岁，但随着知识更新周期的缩短，经验价值在职业生涯中的权重慢慢降低，职业危机的爆发时间在不断提前。据美国领导管理发展中心（LMI）中国区的统计，近三年来，在该组织接受个人领导力辅导的 500 多位高管中，相当一部分人都遇到了类似的困惑，具有中年转型期特征；而且其中 80% 以上的人处于 38 ~ 45 岁这一年龄段。更让人担忧的是，该人群数量正以每年 30% 以上的幅度增长。

在耐久跑中，不管是普通人还是专业运动员，都会不可避免地遇到呼吸困难、步履维艰的“极点”现象。区别就在于他们是否有技巧可以顺利度过这个必定会到来的“难关”。有经验的运动员在“极点”出现之后，会适当减速，并有意识加大呼吸深度，坚持调整节奏，忍耐一段时间，跑过阈值之后，难受的感觉会随之消失，继而进入一种稳定状态，这就是运动中的“第二次呼吸”。

运动中极点的发生有一定规律，通常在全程的 60% ~ 70% 开始出现，会维持大约 10% 的长度。这种规律也存在于职业生涯中，除了那些永远会存在的工作压力，真正的、难以克服的职场极点一般会发生在工作的后半阶段，并需要更久的时间来完成调整。几乎每个人都会在其职业生涯中遭遇几次极点：失落、疲惫、压力、紧张、力不从心。人们很难忍受职业极点带来的痛苦，几乎都会涌现出放弃的念头。但是，出现极点并不意味着能力不够或无法胜任，只是需要调整工作方式、学习新的技能、找到新的动力，一段时间以后，人们就会从不适应的状态中恢复赢得崭新的“第二次呼吸”。

职业路途漫漫，无论如何，很少有人能一口气跑到底。因此，每个人都需要了解，当面临职业极点，人们应当采用什么样的调整手段，完成自己的目标。

我们经常会在电影中看到这样的一幕：一套已经很完美的行动 A 计划还需要配备一套 B 计划，以防万一。职场的冷热变化同样难以预知，你可能会得到加薪、获得提拔，也可能如愿被调往一个重要的地区或部门，但这一切，也有可能在一夜间变成泡影。

>> 案例 >>>. 陷入发展瓶颈的中层经理 >>>>

之一：

38 岁的销售经理 Michael 因不满公司不给他升迁机会而辞职。辞职之初，他自己开了一家公司，但只开了半年就因为资金链的问题无法继续运营。无奈之下，他只能继续求职，把求职的职位降低，仍做销售经理。结果一家美国公司聘请了他，并送他到国外进修一个月，之后派他回中国任销售经理，负责南方区域。这样做了一年多，他就产生了厌倦情绪，因为他的工作跟原来的没有多大差别，而他上面还有客户总监。

之二：

36岁的Daisy曾经在四家不同的外企工作过，边工作边进修，花了三年多的周末时间读完了MBA，并一路从市场专员、助理，升到现在的高级经理。两年前，由于Daisy原来的公司遭遇企业兼并，原来的老板离开了，新来的上司很不好相处，于是Daisy拿了一笔丰厚的赔偿金离开了公司。当时的打算是可以做自由咨询顾问和讲师，Daisy认为凭借自己多年专业经验，做些中小项目应该不是难事。何况孩子只有4岁，做自由人还可以多些时间陪伴孩子。半年时间过去了，自由咨询顾问的事情并没有着落，Daisy又打算和朋友合作代理一个海外精油品牌，不想后来才知道这个行业的前景、利润并不理想，Daisy庆幸自己并没有开始投入就看清了情况。随后没多久，Daisy又想和朋友合作开少儿英语学校，盘算之后发现前期费用非常大，很难成功。正在犹豫不决的时候，猎头公司打来电话，Daisy很快得到了一个外企市场总监职位，薪资丰厚。但没过3个月，Daisy又觉得这家公司各方面都不如原来的公司，萌生了辞职的念头。

之三：

42岁的张伟赋闲在家。从大学毕业开始，张伟就加入了这家固定电话通信技术公司。他的职位也根据公司的需要不断变动，张伟就是一颗任劳任怨的螺丝钉。然而从五年前开始，张伟平静的生活开始凌乱了，公司的业务量越来越少，不少年轻同事都跳槽改做移动通信业务了。张伟也想跳槽，但一直没有找到合适的机会。到他41岁这一年，服务了将近20年的公司彻底倒闭了，他也失业了。现在，求职对他来说是一件迷茫而艰难的事情，因为他听说很多固定通信巨头都已经没落了，而他对移动通信技术根本不熟悉。

很多人在 35 岁以后，发现自己的职业发展停滞了，这让他们深感焦虑。根据国内的一项统计，只有 30% 的人在职业道路上能晋升到中层职位，而最终坐上副总以上职位的人只有 7%。

那些在没落行业中工作多年的中年白领们，他们可能一直踏踏实实地在自己的领域里低头耕耘，但是等他们抬头的时候，发现自己多年来积攒下的技术在新的田地里根本派不上用场。

所有人都需要不断在人力市场中进步和优化。无论你身处哪个行业，随时都需要保持一份警醒，要不断地问自己：这个行业是在走向没落还是仍然充满了新机会？今日职场形势变化莫测，传统行业受到互联网和新技术的巨大冲击已经成为不争的事实，传统媒体业、零售业、批发业、制造业、物流业、酒店业等诸多行业都受到波及，新技术会部分或完全代替我们的工作，有些工作可能会彻底消失。这时我们还可以做什么？跳槽、转行，还是等待奇迹发生？

一旦你察觉到行业有了衰退的趋势，就必须考虑转型的问题，最好在行业大萧条来临之前成功转型。新变化的到来并不像海啸那样毫无预兆，在行业衰退的迹象显现之前，你就应该为自己找到一条新的道路。

埃尔沃德·查普曼（Elwood N. Chapman）曾说过，要想更好地面对未来，人们需要 B 计划。A 计划是现有的职业、预期的职业发展路径，而 B 计划是你未来的职业，超出预期的职业生涯。我们必须随时为不确定的未来、可能的变化做好准备。

正确理解B计划。首先，不要恐惧B计划，B计划并不否认过去的工作和成绩，而是提供另一条可串联的路。其次，B计划和跳槽并没有什么直接关系，它是你在现有的职业发展通道或职业发展计划之外，重新为自己规划和准备的另外一条职业发展方案。一旦你现有的职业出现危机，很难得到继续发展时，B计划就能为你提供另一条出路。B计划的价值就在于此。当然，如果你所从事的职业永远一帆风顺，也可能永远都用不着B计划。可是，职场风云突变，从防范风险的角度出发，职场人需要积极地为自己制订一份B计划，即便没有遇到危机，也能为自己的职业发展开辟一条新的通道。

B计划由一系列精心构思的行动策略构成。

▶ ▷ STEP.1 | 找准目标定位

建立B计划的第一步，是找准自己的方向。有了这个方向可以避免你盲目转行。选择自己擅长、感兴趣或者与目前职业相近的行业是明智之举。因为只有这样的B计划才更具有可行性，而不是纸上谈兵。在确定B计划时，应综合自己的兴趣爱好、该职业的市场前景以及发展空间等因素去综合考虑，不要盲目追随市场热点，或者因为某个行业薪水更高就将其确立为自己的目标。

为了做出正确的决策，要通过正确渠道获取尽量多的真实信息。每个行业都包含了多个维度的信息，如行业历史、现状及未来、市场容量，行业内企业的生存状况、竞争排名、市场占有率、消费者口碑、人才分布及动态等。只有了解外界发生了什么，才能前瞻性地做好布局和应对。

米克·金提（Mico Zinty）曾就职于马里兰大学MBA职业中心，现任美国国际管理协会全球最佳实践顾问。她的建议是，在设计B计划之前，经理人应当安排信息性访谈，以便对自己想要的工作了解更多情况。很多人对某些工作内容有一些不切实际的假设和判断。比如，人们通常认为从一个商业公司转行到学术单位，工作环境较为轻松，人际关系也比较简单，但实情往往并非如此。经理人应当跟从事此类工作的人士交谈，以发现其负面因素以及该职位对自己的合适程度。可以问对方此类问题：每天的主要工作内容是什么？工作的机动性有多大？需要什么方面的工作技能？工作压力主要来源于哪些方面？这个职位是否需要长时间工作并大量加班？如果你非常看重工作与家庭兼顾，或许就要避免每周工作60小时且经常出差的工作。每种工作都有利有弊，关键是要看你的选择是否能符合你的期望。

▶ ▷ STEP.2 | 建立B计划可用的人脉

找准方向后，要有意识地建立可用的人脉，他们很可能成为你与B计划之间的桥梁，并帮助你追求自己的“梦想工作”。甚至有些人可能就是你未来的雇主，或者帮助你进入新行业的推动者。你可以先检视自己是否在目标领域有一些关系不错的朋友，安排时间与这些朋友单独见面，传递你想进入到这个领域的想法，以及你的准备。你通常会得到一些非常诚恳的建议。如果你暂时还没有这方面的资源，还可以通过同学、客户、供应商认识一些朋友，或者参加一些行业性的集体活动，获取更广泛的人脉。

关键是，你必须让这些行业的人士确信你有能力做出转变。你必须通过有效方式说明自己适合——也就是自我营销。事先预想自己会被问到的几类问题，准备好答案，以说明过往职业背景，以及之前的经历。比如早先某份工作可能不包含预算职责，但你可以提到自己在志愿团体中担当某个管理资金的职位。

▶ ▷ STEP.3 | 提升能力以满足未来工作所需

有些职业经理人因为害怕失败，不愿去接触新的项目和领域，不去思考新的方法和新的途径。他们更愿意用传统的方法来重复，如果一个职业经理人的创新和学习精神在惰性思维中消逝，他必将被未来淘汰。将来要实施 B 计划，必须要求你个人在这个领域有一定的专业知识的积累，这就需要你进行一些必要的学习，培养和发展自己在这方面的专长。如果时间允许，可以考虑去考一些职业资格认证，当然，必须是对你的 B 计划有价值。你可以向从事那些行业的朋友咨询，听听他们的看法和建议。确立了 B 计划后，可以有意识地积累相关的实践经验。

我们希望自己无论经历了多少，都始终抱有勇气和热情，并且拥有可贵的自由。自由意味着对内的独立和对外的不畏惧，无论是什么层面的自由都是如此。经济自由、时间自由、心灵自由是人们在追求自我实现的不同阶段中，最重要的三种自由。可惜的是，有些人从来不曾拥有过其中任何一种自由，只是局促地度过一生；而另外一些人则基于他的价值观和行为模式，在三者中艰难地选择，而最终无法获得真正完整的自由。

第一阶段 经济自由。人为稻粱谋，经济独立是大多数人在最初都梦想实现的自由。拥有经济自由，人们就可以不受依赖，自由选择做自己想做的事。

第二阶段 时间自由。人们可以自由支配自己的时间，有机会构建理想的生活和事业。拥有时间自由，意味着有说“是”的自由，也有说“不”的自由，人们可以不用去做自己不乐意做的事情。绝大部分的企业家和高管后半生营营役役，身不由己，虽有经济自由，但却少有时间自由。

第三阶段 心灵自由。就是可以不受外界所累，不会受到外部客观情况的影响，任何评价、判断、褒扬已无关，听从自己的内心，回归到真正轻灵自由的境界。心灵自由的人有稳定不变的价值观，并且在行为上可以做到一致性，无论身处什么状态或环境，都能够如一地做到忠于自己。虽然从外表上来看依然忙碌，但心境却全然不同。

对于大多数人来说，更难做到的是第二和第三阶段的自由。这不仅取决于是人们否懂得自律和舍弃，还取决于人们是否能在日益忙碌和复杂的世界中，重新找回自己内心的声音，并让它在生命中持续地回响。

结论

随着知识更新周期的缩短，经验价值在职业生涯中的权重慢慢低于新技能价值，职业危机的爆发时间在不断提前。无论你身处哪个行业，随时都需要保持一份警醒。一旦你察觉到行业有了衰退的趋势，就必须考虑转型的问题。人们应该随时为不确定的未来、可能的变化做好准备，通过找准目标定位、建立人脉、提升能力这三大步骤，建立自己的B计划，从被动的职业转换，转变为积极主动的新职建设。我们希望自己无论经历了多少，都始终抱有勇气和热情，并且拥有可贵的自由意志去做自己真正想做的事，追求自己理想生活和事业。

附 录

Appendix

推荐书籍

1.《不确定世界的理性选择——判断与决策心理学》

2.《津巴多时间心理学》

3.《晨间日记的奇迹》

4.《现在，发现你的职业优势》

5.《象与骑象人》

6.《怪诞行为学 1》《怪诞行为学 2》

7.《企业参谋》

8.《如何高效学习》

9.《效率提升 10 倍的 GOOGLE 化知性生产技巧》

10.《上任第一年》

11.《暗时间》

12.《别告诉我你会记笔记》

延伸阅读

涉及理论

测　试

参考书籍

1　凯文·凯利．新经济，新规则——网络经济的十种策略．北京：电子工业出版社，2014.

2　奇普·希思 丹·希思．瞬变——如何让你的世界变好一些．北京：中信出版社，2010.

3 斯科特·普劳斯．决策与判断．北京：人民邮电出版社，2004.

4 雷德·海斯蒂 罗宾·道斯．不确定世界的理性选择．北京：人民邮电出版社，2013.

5 菲利普·津巴多．津巴多时间心理学 沈阳：万卷出版公司，2010.

6 阿尔·里斯 杰克·特劳特．人生定位．北京：机械工业出版社，2011.

7 左藤传．晨间日记的奇迹．海口：南海出版公司，2009.

8 海蒂·格兰特·霍尔沃森．成功，动机与目标．南京：译林出版社 2013.

9 马库斯白金汉．现在，发现你的职业优势．北京：中国青年出版社，2007.

10 大田正文．休活．北京：中信出版社，2011.

11 乔纳森·海特．象与骑象人．杭州：浙江人民出版社，2012.

12 丹·艾瑞里．怪诞行为学 2. 北京：中信出版社，2010.

13 大前研一．企业参谋．北京：中信出版社， 2007.

14 斯科特·扬．如何高效学习．北京：机械工业出版社，2016.

15 胜间和代．效率提升 10 倍的 GOOGLE 化知性生产技巧．北京：化学工业出版社，2010.

16 琳达·希尔．上任第一年——从业务骨干到到团队管理者的成功转型．北京：机械工业出版社，2016.

17 罗塞娜·博得斯基．支撑：做副手的智慧．北京：机械工业出版社，2011.

18 马尔科姆·格拉德威尔．引爆点．北京：中信出版社，2009.

19 福井克明．升职超人教你旋风成长法则．杭州：浙江大学出版社，2013.

20 刘未鹏，暗时间．北京：电子工业出版社，2013.

21 伊贺泰代．麦肯锡用人标准——未来的人才标杆．北京：北京时代华文书局，2015.

22 高杉尚孝．麦肯锡问题分析与解决技巧．北京：北京时代华文书局，2014.

23 美琦荣一郎．别告诉我你会记笔记．北京：中信出版社，2011.

24 阿图·葛文德．清单革命——如何持续、正确、安全地把事情做好．杭州：浙江人民出版社，2012.

25 格拉宁．奇特的一生．郑州：海燕出版社，2001.

26 邱绍良．复盘+，把经验转化为能力．北京：机械工业出版社，2016.

27 吉姆·洛尔．精力管理．北京：中信出版社，2003.